Miriam Grossmann

Soziale Figurationen und Selbstentwürfe

Schauspieler und Figureninszenierung in Eric Rohmers *Pauline am Strand*, *Vollmondnächte* und *Das grüne Leuchten*

FILM- UND MEDIENWISSENSCHAFT

Herausgegeben von Irmbert Schenk und Hans Jürgen Wulff

ISSN 1866-3397

1 *Oliver Schmidt*
Leben in gestörten Welten
Der filmische Raum in David Lynchs *Eraserhead*, *Blue Velvet*, *Lost Highway* und *Inland Empire*
ISBN 978-3-89821-806-1

2 *Indra Runge*
Zeit im Rückwärtsschritt
Über das Stilmittel der chronologischen Inversion in *Memento*, *Irréversible* und *5 x 2*
ISBN 978-3-89821-840-5

3 *Alina Singer*
Wer bin ich? Personale Identität im Film
Eine philosophische Betrachtung von *Face/Off*, *Memento* und *Fight Club*
ISBN 978-3-89821-840-5

4 *Florian Scheibe*
Die Filme von Jean Vigo
Sphären des Spiels und des Spielerischen
ISBN 978-3-89821-916-7

5 *Anna Praßler*
Narration im neueren Hollywoodfilm
Die Entwürfe des Körperlichen, Räumlichen und Zeitlichen in *Magnolia*, *21 Grams* und *Solaris*
ISBN 978-3-89821-943-3

6 *Evelyn Echle*
Danse Macabre im Kino
Die Figur des personifizierten Todes als filmische Allegorie
ISBN 978-3-89821-939-6

7 *Miriam Grossmann*
Soziale Figurationen und Selbstentwürfe
Schauspieler und Figureninszenierung in Eric Rohmers *Pauline am Strand*, *Vollmondnächte* und *Das grüne Leuchten*
ISBN 978-3-89821-944-0

In Vorbereitung:

Ingo Lehmann
Ziellose Bewegungen und mediale Selbstauflösung im absurden „Genrefilm-Theater“ Monte Hellmans
ISBN 978-3-89821-917-4

Tobias Sunderdiek
“The Wonderful Wizard of Oz” – Verfilmungen eines Kinderbuchklassikers
ISBN 978-3-89821-960-0

Peter Klimczak
40 Jahre "Planet der Affen". Zeitgeist- oder Reihenkompatibilität – über Erfolg und Misserfolg von Adaptionen
ISBN 978-3-89821-977-8

Miriam Grossmann

SOZIALE FIGURATIONEN UND SELBSTENTWÜRFE

Schauspieler und Figureninszenierung in Eric Rohmers *Pauline am Strand*, *Vollmondnächte* und *Das grüne Leuchten*

ibidem-Verlag
Stuttgart

Bibliografische Information der Deutschen Nationalbibliothek
Die Deutsche Nationalbibliothek verzeichnet diese Publikation in der Deutschen Nationalbibliografie; detaillierte bibliografische Daten sind im Internet über http://dnb.d-nb.de abrufbar.

Bibliographic information published by the Deutsche Nationalbibliothek
Die Deutsche Nationalbibliothek lists this publication in the Deutsche Nationalbibliografie; detailed bibliographic data are available in the Internet at http://dnb.d-nb.de.

Umschlagsbild: Szenenfoto aus *Le rayon vert* mit freundlicher Genehmigung von Les Films du Losange
Autorenfoto: © Helene Radam

∞

Gedruckt auf alterungsbeständigem, säurefreien Papier
Printed on acid-free paper

ISSN: 1866-3397

ISBN-10: 3-89821-944-5
ISBN-13: 978-3-89821-944-0

Printed in Germany

VORWORT

So eindrücklich ihre Darstellungsweise den Zuschauern vor Augen steht, Schauspieler scheinen in ihrer konkreten Leinwandpräsenz nur schwer fassbar und als Element filmischer Inszenierung beschreibbar zu sein. Jedenfalls stehen kaum theoretisch konsistente Modelle einer solchen Beschreibung zur Verfügung. Vor dem Hintergrund dieser Diagnose beschäftigen sich die Untersuchungen von Miriam Grossmann mit den Möglichkeiten, schauspielerische Darstellungsweisen und Figurenkonzepte begrifflich zu kategorisieren und zu unterscheiden. Dabei ist vor allem die Frage nach einer möglichen theoretischen Konzeptualisierung des Filmschauspiels dominant. Sie wird gleich zu Anfang gestellt, wenn die Verfasserin, entgegen den gängigen Ansätzen, die selbstverständlichen Aufteilungen von fiktiver Figur und realer Person des Schauspielers/ der Schauspielerin in Frage stellt. In der Regel wird nämlich unterstellt, dass im fiktionalen Film eine Figur zu sehen ist, die durch eine Schauspielerin/ einen Schauspieler verkörpert wird, deren reale, außerfilmische Existenz hinter der filmischen Repräsentation verborgen bleibt. Die Person der Schauspielerin/ des Schauspielers erscheint somit aus der fiktionalen Welt des Films ausgeschlossen.

Demgegenüber wird hier (im Rückgriff auf einige wenige, insbesondere aus der französischen Filmtheorie stammende Ansätze) eine Perspektive entfaltet, in der das Verhältnis zwischen der Person der Darstellerin/ des Darstellers und den Rollen und Figuren immer schon ein Bestandteil der filmischen Darstellung, Teil des kinematografischen Bildes selber ist: Prinzipiell lässt sich immer ein Standpunkt einnehmen, von dem aus, neben der repräsentierten fiktiven Figur, die Perspektive der Kamera in den Blick kommt. Diese Perspektive lässt ein Beziehungsnetz zwischen den realen Aktionen einer sichtbaren schauspielerischen Darstellung und der fiktionalen Figur anschaubar werden, aus dem heraus die Figur erst entsteht.

Filmische Figuren sind nur auf der Ebene der repräsentierten fiktiven Welt ablösbar von der Person der sie darstellenden Schauspieler; auf der Ebene der konkreten filmischen Wahrnehmung, das heißt auf der Ebene des inszenierten filmischen Bildes, sind diese Figuren immer in ihrem Entstehensprozess greifbar. Für den Zuschauer entstehen sie in der Dauer des Übergangs, in der eine schauspielerische Aktion sich dergestalt mit der filmischen Inszenierung zu einem Bildraum verbindet, dass für ihn eine Rolle, ein Charakter oder eine fiktionale Figur hervortritt.

Gleich zu Anfang der Untersuchungen steht ein grundlegender Aspekt jeder Theorie filmischer Schauspielkunst, der vielen filmwissenschaftlichen Konzeptionen des Schauspiels entgeht: Dass nämlich die Zeit der Entstehung einer fiktionalen Figur, einer Rolle, eines Charakters, eines Porträts (und diese Bezeichnungen stehen für die Differenzierungen unterschiedlicher filmischer Inszenierungsweisen) immer Bestandteil der Zeit ist, in der sich ein filmisches Bild als eine mediale Modulation des Wahrnehmens, Verstehens und Empfindens der Zuschauer ereignet.

Dass ein solcher Prozess des Figur-, Porträt- oder Charakter-Werdens bei Eric Rohmer selbst zum Sujet der Filme geworden ist, macht sie zu einem außerordentlich fruchtbaren Beispiel, an dem sich diese theoretische Perspektive analytisch entwickeln lässt. Mit Blick auf die filmische Ausdrucksdimension ‚Schauspieler' werden höchst unterschiedliche Konzepte der filmischen Darstellungsweise von Figuren vorgeführt und eine mögliche bildanalytische Perspektive auf Rohmers Filme entwickelt. In den Analysen von PAULINE AM STRAND (PAULINE ÀLA PLAGE, 1983), VOLLMONDNÄCHTE (LES NUITS DE LA PLEINE LUNE, 1984) und DAS GRÜNE LEUCHTEN (LE RAYON VERT, 1986) wird an den wenigen vorhandenen Ansätzen zur Theorie des Filmschauspiels ein theoretisches Modell greifbar, das über diese drei Filme hinaus Gültigkeit beanspruchen kann.

Berlin, Hermann Kappelhoff

PROLOG

Tatsachen?

Wir lassen uns provozieren, wenden uns entnervt ab, schauen sie bewundernd, manchmal sehnsüchtig an, lachen mit ihnen oder über sie. Ob wir Sympathie oder Antipathie empfinden, Ähnlichkeiten sozialer oder charakterlicher Art feststellen, emotional oder distanziert auf sie reagieren – der lebendige Eindruck der Figuren als Personen bindet uns Zuschauer auf vielen Ebenen und unterschiedliche Weise an den Film, den wir sehen. In ihm finden wir einen gemeinsamen Wahrnehmungsraum mit den Figuren, erfahren sie als individuelle Charaktere und begegnen unserer Identität als Zusehenden.

Die mögliche Nähe zwischen Zuschauer und Figur basiert neben der individuellen Verfassung und Kontexten von Zuschauern auch auf den Grundlagen der Figurenkonzeption auf dramaturgischer oder schauspielerischer Ebene sowie deren Realisierung mittels filmästhetischer Verfahren.[1] Dabei stellt sich die Frage, wie Schauspieler durch ihre Darstellung vor einer Kamera an diesem Realisierungsprozess teilhaben und Einfluss nehmen, weil sie Teil davon sind. Als Zuschauer wiederum können wir uns fragen, ob wir hinter den Figuren nicht doch nach der Identität einer Schauspielerin/ eines Schauspielers suchen oder, umgekehrt, aus der primären Wahrnehmung von Schauspielern erst so etwas wie eine Figur ableiten. Eine Frage also nach Konzepten von Person, Charakter oder Identität im Hinblick auf eine Figur. Vorläufig lässt sich jedenfalls festhalten: ohne Spiel kein Handeln, ohne Dialog keine Meinung, ohne Schauspieler/Figur keine Person mit individueller Identität.

Figuren existieren, wenn sie anfangen zu reden, bemerkt Eric Rohmer in einem Interview mit Jean Douchet.[2] Diese Ansicht wird den Zuschauern in na-

[1] Über die Formen und Aspekte der Nähe zwischen Zuschauern und Figuren siehe Eder, Jens (2006) „Imaginative Nähe zu Figuren.“, in: *montage a/v*, 15/2 (2006), S. 135-160.

[2] In der ARTE-Reihe „Cinéma de notre temps“, konzipiert von André S. Labarthe und Janine Bazin: ERIC ROHMER, PREUVES À L'APPUI (F 1993, André S. Labarthe, mit Jean Douchet und Eric Rohmer, Produktion: La Sept Arte, Les Films du Losange).

hezu jedem seiner Filme bis zur Erschöpfung demonstriert. Die Kollision von Dialog und Handlung provoziert oft genervtes Weghören, aber auch die Möglichkeit genaueren Beobachtens.

Weiterhin gilt: wir sehen Körper, Gesichter, Kleidung, Bewegungen, Stimmen und Blicke; es wird gespielt und dies alles erreicht uns als ein Bildensemble. „Alle Spuren zur Person führen über den Körper" schreibt Hans J. Wulff und präzisiert dies später über die Verbindung einer Figur mit der Körperidentität der Schauspieler:

> „...das Zusammenfallen von Akteur, Person und Körper [ist] eigentlich eine fundamentale Grundtatsache alltäglicher Wahrnehmung."[3]

Die Filmzyklen Eric Rohmers (*Contes Moraux/Moralische Erzählungen, Comédies et Proverbes/Komödien und Sprichwörter, Contes des quatre Saisons/Jahreszeiten-Zyklus*) thematisieren auf der Ebene des Schauspiels die von Wulff beschriebene Grundtatsache alltäglicher Wahrnehmung innerhalb sozialer Identitätsentwürfe von Personen; und nur wenige Regisseure haben sich so intensiv auf den Körper junger Frauen im Alltag konzentriert wie Rohmer.

Einer ersten Annäherung dieser Untersuchung dient der Vorspann und sein Übergang zum ‚eigentlichen' Film aus LA COLLECTIONNEUSE (F 1966) von Eric Rohmer. Dort werden die oben angesprochenen Fragen essentiell auf der Bildebene als filmisches Thema etabliert.

Ein erster Eindruck

Ein knapper Trommelrhythmus, dann bunte Schrift auf dunkelgrauem Grund. Die Produzenten präsentieren: *Eric Rohmer, Contes Moraux IV, La Collectionneuse. Avec la collaboration pour l'interprétation et les dialogues de PATRICK BAUCHAU, HAYDEE POLITOFF, DANIEL POMMEREULLE.* Es folgt die Nennung weiterer Darsteller, Musiker, Produzenten. Abblende.
Es folgt in gelber Schrift: *Premier Prologue HAYDEE.*

---

[3] Wulff, Hans J. (2006) „Attribution, Konsistenz, Charakter. Probleme der Wahrnehmung abgebildeter Personen.", in: *montage a/v*, 15/2 (2006), S. 45-62, hier S. 46.

Totale, ein leerer Strand. Eine junge Frau in voller Körpergröße, der Kamera leicht zugewandt. Sie geht entlang der sanften Brandung. Wasserplätschern. Die Frau ist braun, groß, schlank, trägt einen blauen Bikini und kinnlange Haare. Ihr Gang ist geschmeidig, federnd, der Körper in leichter Anspannung, der Blick auf etwas außerhalb des Bildes gerichtet. Dieser Gang erinnert an den eines Mannequins mit dem Wissen, dass alle Blicke auf es gerichtet sind. Dieser Bewegung folgt die Kamera in einem Schwenk und hält den Körper dann in der Mitte des Bildes. Je mehr sich die junge Frau nähert, desto mehr nimmt ihr Körper das Bild ein.

Dann eine Folge von Großaufnahmen, über denen ein sanfter Schimmer der späten Nachmittagssonne auf brauner Haut liegt:

Haydées Beine bis zum Oberschenkel, die Füße im Wasser, die schließlich stehen bleiben. Schnitt.

Der unbewegliche, nach rechts geneigte Kopf, das Gesicht im Profil, der Blick nach unten gerichtet, kurze honigblonde Haare, volle Lippen, schlanker Hals, braune Haut. Die Kamera schwenkt sachte abwärts zu ihrem Bauch. Schnitt.

Ihr oberer Rücken von hinten in leichter Drehung, die glatten Schultern. Schnitt.

Ihre Kniekehlen. Schnitt.

Die Knie von vorne in einer anderen Beinstellung. Die Kamera folgt der sanften Linie des Oberschenkels nach oben: Hüften, Bauch, Brust, Schultern, Hals. Sie verharrt auf dem sich in neuem Profil zeigenden Gesicht. Schnitt.

Jetzt noch genauer: die Linie der Schlüsselbeine, ein wenig Hals noch, das Schimmern der braunen Haut im Sonnenlicht, Wasserglucksen, ein entferntes Flugzeuggeräusch.

Der Schrifttitel scheint es zu verraten: diese junge Frau ist Haydée. Doch wer ist Haydée? Die sieben folgenden Einstellungen zeigen kaum einen filmischen Charakter.[4] Die Bilder stellen mehr eine prägnant skizzierte Bestandsauf-

---

[4] Vgl. Thirion, Antoine (2004): „Les pauses d'Haydée“, in: *Cahiers du Cinéma,* Nr. 588 (2004), S. 27.
Der Begriff des Charakters meint einen bereits fertigen Figurenentwurf. Ich übernehme hier zunächst die Definition Henry M. Taylors und Margrit Tröhlers: „Wir verstehen unter Charakter also die individualisierten psychischen Eigenschaften, die Entwicklungen und Verhaltensweisen einer fiktionalen Konstruktion als Analogon zur ganzheitlichen Person, den ‚Entwurf einer Person', wie Hans Jürgen Wulff es nennt. So gesehen ist er das Signifikat des Dar-

nahme eines Körpers in Bewegung dar. Und dies mehr an einem abstrakten Ort als einem konkreten Strand. Und dennoch: es sind aussagekräftige Bilder, die das Weiche der Haut im Sonnenlicht, die Körperformen und die Beweglichkeit dieses Körpers zeigen, der Haydée bedeutet. Aber diese Haydée kann nur durch den Blick der Kamera sichtbar werden. In ihm verbinden sich Licht und Haut zu einem Schimmern, so wie sich das Sonnenlicht auf der Wasseroberfläche bricht und sich das Bild eines glitzernden Sommermeeres mit der Erscheinung der jungen Frau verknüpft. Natureindruck und Körperbild schließen sich in einem Bild zusammen, in dem Körper, Bewegung, Licht und Umweltgeräusche die Grundlagen einer Wahrnehmung von Haydée sind: das Bild einer jungen Frau von natürlicher und gleichzeitig zeitgemäßer Schönheit. Die Konstruktion eines Idealbildes von Frau und darin gleichzeitig die Herausforderung eines begehrenden Blickes.[5]

Spielfelder

Probleme begrifflicher Zuweisungen

Der Film LA COLLECTIONNEUSE präsentiert im Prolog zwar die Schauspielerin oder Figur Haydée als körperliche Evidenz, wirft in dieser frappierenden Offensichtlichkeit jedoch Fragen zur Person und Identität Haydées auf. Von wem ist hier die Rede? Wer ist tatsächlich zu sehen? Wer ist die angekündigte Haydée? Wer oder was ist sie für den Zuschauerblick? Ein Körper, eine Person, eine Figur, eine Schauspielerin?

---

stellers/ der Darstellerin, eine Hülle, ein Konzept, eine Idee, die jedoch an veräußerte, individuelle Merkmale gebunden ist, nicht nur einen Körper, ein Geschlecht, einen Namen, sondern auch eine Identität und eine Geschichte besitzt." Siehe
Taylor, Henry M. / Tröhler, Margrit (1999) „Zu ein paar Facetten der menschlichen Figur im Spielfilm", in: *Der Körper im Bild: Schauspielen – Darstellen – Erscheinen*, hrsg. von Heller, Heinz B. / Prümm, Karl / Peulings, Birgit (1999). Marburg: Schüren, S. 137-151, hier S. 141.
Vgl. Wulff 2006, S. 53ff.

[5] Dieser Blick wird von Thomas Klein als ‚männlich' klassifiziert. Ich weise darauf hin, dass die Genderdimensionen in Rohmers Filmen eine eindeutig heterosexuelle Kultur reproduzieren.
Vgl. Klein, Thomas (2006) „Über das Augenscheinliche hinaus. Eric Rohmer.", in: *Nouvelle Vague*, hrsg. von Grob, Norbert u.a. (2006). Mainz: Bender, S. 118-129, hier S. 127.

Ungeachtet der hier noch undifferenziert gebliebenen Unterscheidung von Schauspielern und Figuren bietet die folgende Äußerung H.J. Wulffs eine erste Perspektive auf die Bedeutung von Darstellern als Akteuren – also Körper- und Handlungsträgern – für die Wahrnehmung von Schauspielern bzw. Figuren:

> „Die Art und Weise, in der eine Person inszeniert ist, liefert den Attributionstätigkeiten des Rezipienten das Material, steuert also den Aneignungsprozess. *Attribution* in einem umfassenden, über die Ursachenzuschreibung hinausweisenden Sinne beschreibt eine rezeptive Tätigkeit, *die den Akteur als handlungsfähiges Wesen in einem intentionalen Feld erfasst, als sinnhaft handelnde Figur konstituiert, ihm Charaktereigenschaften ebenso wie Handlungsmotive zuschreibend.* ‚Charakterisierung' ist auf der einen Seite eine Aufgabe für denjenigen, der inszeniert, auf der anderen aber auch eine Tätigkeit des Rezipienten, die sich – im Idealfalle – komplementär zum rezeptiven Angebot verhält."[6]

Mit Wulff wird hier schon deutlich, dass sich Schauspieler und Figuren nicht allein als Resultate von Inszenierungsstrategien lesen lassen, sondern sich letztlich auch im Zuschauerblick konstituieren.

Sich grundlegend analytisch und theoretisch mit Filmschauspielern zu beschäftigen heißt dann, sich damit auseinanderzusetzen, wie sie als solche sichtbar werden vor der Kamera, in welchem filmästhetischen Feld (hier übertragen auf Wulffs Verständnis vom ‚intentionalen Feld') sie inszeniert bzw. erfasst werden. Das bedeutet hier vor allem, sich dem Phänomen ‚Schauspieler' als genuin kinematografische Erscheinung durch eine ästhetische Analyse des filmischen Bildes zu nähern.

Der Stand filmwissenschaftlicher Auseinandersetzungen stellt hierfür kein einheitliches Theorie- oder Definitionsmodell zur Verfügung. Dies stellt auch insofern eine Schwierigkeit dar, da international mit divergenten Begriffskonnotationen auf Erscheinungsmodi von Schauspielern auf der Leinwand operiert wird. Dazu gehören die Begriffe der Person, des Charakters, der Figur, der Rolle und vor allem des Schauspielers/ der Schauspielerin. Das französische *figure* (Gestalt, Erscheinung) beispielsweise kann nicht einfach mit dem deutschen

---

[6] Wulff 2006, S. 50.

Begriff der *Figur* analogisiert werden, wobei dieser wiederum dem französischen Begriff der *personnage* näher steht.[7]

Aus den Ansätzen, die sich dem Phänomen der Schauspieler im Film nähern, lässt sich bislang herauslesen, dass diese als kinematografische Erscheinungen an und für sich nicht getrennt von anderen filmischen Elementen zu betrachten sind. Ein jeder Ansatz mit seinen Ergebnissen ist also geprägt von der Bestimmung des (filmischen) Bezugsrahmens, in den das Phänomen ‚Schauspieler' gesetzt und betrachtet wird.[8] Eine filmanalytische Auseinandersetzung mit Schauspielern verlangt nach einer bewussten Entscheidung für die filmisch-ästhetischen Bezugsgrößen, mit denen Darsteller und ihre Spielakte in Relation gebracht werden sollen, und innerhalb derer ihre Phänomenologie entwickelt werden kann.

In einem Aufsatz geht Knut Hickethier der Frage nach, wie man über Schauspieler im Film schreiben kann.[9] Ein Problem, ja direkt Hindernis, scheint für Hickethier bereits die generelle Voraussetzung zu sein, unter der Filmschauspieler in der Analyse zu diskutieren sind: ihr sichtbares Auftreten vor einer Kamera und ihre Bindung an eine Rolle oder Figur. Die Schwierigkeit, sich ihnen zu nähern, liege in deren „doppelten Zeichencharakter"[10]: einerseits erschienen sie als tatsächliche Menschen, andererseits als fiktive Figuren.

Was die Unterscheidung in der Wahrnehmung dieser signifikanten Pole angeht, hat Hickethier Recht. Betrachten wir die junge Frau Haydée: Solange

---

[7] Zur Differenzierung des Begriffsapparates siehe Nacache, Jacqueline (2005) *L'acteur de cinéma*. Paris: Armand Colin. sowie
Tröhler / Taylor 1999. und
Blüher, Dominique (1999) „Französische Ansätze zur Analyse der filmischen Figur", in: *Der Körper im Bild: Schauspielen – Darstellen – Erscheinen*, hrsg. von Heller, Heinz B. / Peulings, Birgit / Prümm, Karl (1999). Marburg: Schüren, S. 61-70. und vor allem
Streiter, Anja (2006) *Jacques Doillon. Autorenkino und Filmschauspiel.* Berlin: Vorwerk 8, S. 105 ff.

[8] An dieser Stelle sei angemerkt, dass neoformalistische Ansätze hierfür weniger interessant sind, da sie ästhetische Erscheinungen des filmischen Bildes vor allem als Funktionen narrativer Prägung behandeln.

[9] Knut Hickethier (1999) „Der Schauspieler als Produzent. Überlegungen zur Theorie des medialen Schauspielens.", in: *Der Körper im Bild: Schauspielen – Darstellen – Erscheinen*, hrsg. von Heller, Heinz B. / Peulings, Birgit / Prümm, Karl (1999). Marburg: Schüren, S. 9-30.

[10] Hickethier 1999, S. 10.

Haydée Politoff als Produktionsteilhabende genannt wird, erscheint sie noch von ihrer Rolle als ‚Haydée' und von der diegetischen Ebene des Films getrennt. Im Produktionsmoment ist sie Darstellerin – eine Person, die auch außerhalb des konkreten Films zu existieren scheint. Der Schauspielername im Vorspann funktioniert als konstruktiver Verweis auf diese Person. Ihre Beziehung zum aktuellen Film begründet sich in der Aufgabe, dort etwas darzustellen, was sich von der extrafilmischen Person (der Darstellerin Haydée Politoff) unterscheidet.

Hickethier impliziert in seinem semiotisch geprägten Ansatz, dass mit dem Begriff der Schauspieler-Person die empirische Person gemeint ist und gerade dadurch auf eine extradiegetische Ebene verweist bzw. auf dieser anzusiedeln ist. Lediglich das Phänomen der Figur wird dabei als Teil der Diegese verstanden.[11]

Überdies deutet Hickethier in seiner Gegenüberstellung die Unvereinbarkeit von tatsächlicher Schauspielerin und Rolle an. Schauspieler funktionieren dabei als außerfilmische Referenz mit Zeigecharakter. Sie verweisen auf die jeweilige Rolle oder Figur[12] – was nach meinen Begriffen den Begriff der Darstellerin/ des Darstellers beschreibt.

Allgemein hat Hickethier Recht, wenn er Schauspieler und Figur auf zwei verschiedenen Realitätsebenen ansiedelt. Dabei trennt er jedoch, was als zeitgleiche oder doppelte Präsenz von Darsteller und Figur auf der gemeinsamen

---

[11] Mit diegetischer Ebene ist die fiktionale Ebene des Films gemeint (Diegese). Extradiegetisch meint den empirischen Bereich, einer von der Fiktion des Films differenzierten Realität. Die fiktive Dimension, also die diegetische, meint nicht ausschließlich die Ebene der Story, sondern alle Elemente innerhalb des Films, die dessen fiktive Ebene gestalten. D.h. auch bezogen auf den Dokumentarfilm kann man zwischen diegetischen und extradiegetischen Ebenen unterscheiden.

[12] So impliziert es auch Margrit Tröhler: „Wenn wir einen Spielfilm sehen, so akzeptieren wir als soziale Konvention [...], dass die SchauspielerInnen erfundene, nicht real existierende (fiktive) Figuren verkörpern, Königinnen oder Diebe oder alltägliche NichtheldInnen, die in ihrer Rolle einen Eigennamen tragen und eine Geschichte haben. Für die Zeit des Films kann ihre Welt als real angenommen werden, eine Welt, die ihren eigenen logischen und physikalischen Gesetzen gehorcht und von welcher aus weitere alternative Welten entstehen können (zum Beispiel in einem Film im Film). Wir vergessen dabei dennoch nicht, dass die Figuren SchauspielerInnen sind. Dies zeigt auch die Kritik, die man an ihrem Spiel oder an ihrer symbolischen Rolle, aber auch an der filmischen Inszenierung oder am Drehbuch haben kann, ohne ihre fiktionale Existenz grundlegend in Frage zu stellen." Siehe
Tröhler, Margrit (2002) „Von Weltkonstellationen und Textgebäuden. Fiktion – Nichtfiktion – Narration in Spiel- und Dokumentarfilm.", in: *montage a/v*, 11/2 (2002), S. 9-41, hier S. 18f.

Ebene des Films zusammenfindet. Die Wahrnehmung dieser Differenz zwischen Darsteller und Figur ist weniger Problem, denn möglicher Ausgangspunkt, vielmehr eine Frage nach der analytischen Perspektive als ein Widerspruch.

Die Arbeitshypothese der vorliegenden Untersuchung ist, dass der Eindruck der Person von Schauspielern eng mit dem der Figur einhergeht, und sich diese doppelte Anwesenheit erst in einem Blick realisieren muss, um sinnlich erfahrbar zu werden. Diese Doppelpräsenz gründet sich direkt auf der audiovisuellen Ebene des Films selbst, was deren Verankerung in der außerfilmischen Welt entbehrlich macht – schließlich lässt sich vom filmanalytischen Standpunkt aus vor allem damit umgehen, was während der Projektion wahrnehmbar ist.

Keine Methode, keine Stars

Spielmethodische Theorien behandeln Schauspieler häufig als sekundäres Element neben ihren darzustellenden Figuren. Dort stehen sie meist im Dienste ihrer Rolle, hinter der sie zurückzutreten scheinen. So vor allem in den Diskussionen über Schauspielstile und Methoden wie dem *Method Acting*. Darsteller sind hierbei vor allem vorfilmische Produktionsträger, durch die Ausführung bestimmter Techniken zur Herstellung einer Rollenfigur definiert. Die Faszination an einem solchen Spiel liegt in dem Moment der Figurenproduktion, d.h. der produktiven Differenz zwischen der physischen und psychischen Ausdehnung einer real existierenden Person und der von ihr produzierten Figurenidentität. Dahinter versteckt sich eine produktionstechnische Idee vom Phänomen ‚Schauspieler', die vor der Kamera inszeniert wird und ihren Raum braucht, d.h. zuweilen auch andere filmästhetische Entscheidungen diktiert und also auch ein anderes Kino produziert.

In den theoretischen Entwürfen werden Schauspieler weniger als eigenständige filmästhetische Phänomene betrachtet, da sich der Moment ihres Erscheinens auf der Leinwand in der Funktion eines produktionstechnischen Vermittlungsmediums zwischen Schauspielerperson und Rollenperson erschöpft.[13]

[13] Einen Überblick gibt Nacache 2005.

Die Rolle oder Figur interessiert dabei mehr als Produkt denn als flexibles Ergebnis eines fortwährenden Prozesses, in den die Zuschauer ebenso eingebunden sind wie die Schauspieler. In der Isolierung von seiner als rein fiktiv begriffenen Figur wird das Phänomen ‚Schauspieler' lediglich als Mangel beschreibbar und als defizitäre Präsenz mythischen Ausmaßes identifiziert.

In Untersuchungen zu Filmstars hingegen werden Schauspieler innerhalb ihrer ästhetischen und soziokulturellen Erscheinung als Symptome einer übergeordneten, filmexternen Kultur beleuchtet. Darin wird ihre Bedeutung in sozialen Formen von Kulturen mit ihrer Präsenz in Filmen in eine Wechselbeziehung gebracht. Deren Grundlage wiederum ist die Annahme eines filmexternen und filminternen Geschehens. Außerdem bieten sie einen Identitätsspiegel für Menschen in einer Gesellschaft, in der man seine Identität zunehmend anhand virtueller Entwürfe zu festigen sucht. Die allgemeine Wahrnehmung des Starphänomens liegt in dessen Konstruktionscharakter als soziokulturelle Begleiterscheinung von Gesellschaft begründet – eine fiktive Konstruktion sozialer Wirklichkeit. Oder eine Art Identifikationsschnittstelle gemeinschaftlicher Identitäts- und Rollenentwürfe, in der sich filmische und außerfilmische Bedeutungsebenen wechselseitig bestimmen.[14]

Davon ausgehend erweisen sich Überlegungen zu Stars in dieser Untersuchung als unwesentlich, da ihr Erkenntnisziel weniger von der Bedeutung geleitet ist, die Schauspieler allein für das filmische Bild haben. Denn Stars werden weniger als Schauspieler angesehen, sondern vielmehr als Imagines in einer sozialen Landschaft bzw. Popkultur, als Massenprodukte einer Industrie und historisches Identifikationsphänomen auch einer historischen Öffentlichkeit. Richard Dyer zeigte Stars in deren beiden Hauptfunktionen als strukturelles (verdichtetes Zeichen, Image) und funktionales Phänomen (innerhalb größerer Systeme wie Narration, Filmästhetik, Industrie, Fankultur).[15] Ihr Bezugsrahmen kann nicht allein im filmästhetischen Feld festgemacht werden. Ohne den Bezug zur öffentli-

---

[14] Vgl. Dyer, Richard (1986) *Heavenly Bodies: Film Stars and Society*. New York: St. Martin's Press. Sowie
Nacache, 2005, S. 145ff. und
Patalas, Enno (1967) „Das Ende der Stars.", in: *Filmkritik 4/67*, S. 223-225.
[15] Vgl. Lowry, Stephen / Korte, Helmut (2000) *Der Filmstar*. Stuttgart: Metzler.

chen Welt herzustellen, für die der Star eben nicht nur als Person zwischen Figur und Schauspieler, sondern auch als Schauspieler und öffentlicher Privatperson bedeutet, kann dem Starphänomen nicht Rechnung getragen werden. Überdies ist eine historische Perspektive in diesem Zusammenhang unabdingbar, da sich die Imageanteile im Laufe der Zeit (Zeitgeist), über Länder, Medien und Wirtschaftslagen hinweg verändern. Die Starimago als eine der möglichen Erscheinungsformen von Schauspielern soll für diese Arbeit dahingehend nicht ins Gewicht fallen, obwohl der Aspekt des Sozialen auch in dieser Untersuchung eine Rolle zu spielen hat.

Produktion und Fiktion – zwei Aspekte derselben Realität?

Zurück zum eingangs beschriebenen Beispiel aus Rohmers Film LA COLLECTIONNEUSE. Die Frage nach den Differenzen von Rolle/Figur und Schauspielerin/empirische Person wird hier als Frage der Spannung zwischen der Präsenz der Darstellerin Haydée Politoff und der Figur ‚Haydée' auf drei Ebenen etabliert: auf der Ebene der schriftlichen Ankündigung, der körperlichen Präsenz vor der Kamera und auf der Ebene des Kamerablickes selbst.

Das erste Sujet der Bilder ist der Körper einer jungen Frau: Haydée. Es gibt noch keine Geschichte, keine Figurenperspektive, der diese ziemlich ausgewählt erscheinende Darstellung als subjektiver Blick zugeordnet werden könnte. Dieser Blick, hier noch ungebunden als Blick einer scheinbar objektiven Kamera, ist jedoch keineswegs objektiv oder rein registrierend. Die Kamera ist da, ihr Blick individuell, lediglich narrativ von der Perspektive einer konkreten Person befreit. Haydées Körper wird deutlich erotisiert durch Licht, Kostüm, Einstellungsmodi und die abgestimmten Bewegungen von Schauspielerin und Kamera. Das Auftreten der Schauspielerin vor der Kamera ist solch ein Auftreten mit der Kamera. Dieser Auftritt wird als direktes Verhältnis zwischen der wahrnehmenden und darstellenden Instanz thematisiert. Der Körper wird gleichzeitig als der einer Schauspielerin und der einer Figur funktionalisiert und beide sinnlich aufgeladen.

Vor seiner visuellen Verbindung mit dem Körper taucht Haydées Name in zwei Modi auf: Im Rahmen des Vorspanns erscheint er bezogen auf den Produktionsprozess zunächst als Name der Darstellerin (*Haydée Politoff*). Wird der Name ein zweites Mal eingeblendet, ist der Vorspann bereits vorbei, deutlich von ihm abgesetzt durch eine Abblende – scheinbar beginnt hier erst die filmische Fiktion. In der methodischen Einblendung des Namens in Verknüpfung mit Vorspann und Bildern entwickelt dieser Vorspann seine Fragestellung, die sich an der Spannung zwischen Entitäten von Person, Figur und Schauspielerin abarbeitet.

Der Name trägt eine produktionsästhetische und eine innerdiegetische Konnotation, wobei der produktionsästhetische Aspekt auf eine Realität außerhalb der filmischen Fiktion hinzuweisen scheint. Diese beiden Bedeutungsebenen beziehen sich jedoch auf dasselbe Bild, teilen sich einen Körper. Auf diese Weise wird der im Vorspann markierte Name und die damit verknüpfte Identität Haydées als diegetisches Phänomen qualifiziert, als Teil einer filmischen Vorstellung.

Thema dieses Filmanfangs ist das Sichtbarwerden des Sujets ‚Haydée' als doppelte Evidenz von Figur und Darstellerin. Der Prolog verdeutlicht, wie wenig zwischen den Ebenen der vorfilmischen Produktion und dem ‚eigentlichen' Film unterschieden werden kann. Denn die Unterscheidung der Produktions- und Fiktionsebene findet auf der Ebene des Films selbst statt; und ein Vorspann ist auch nur eine Form filmischer Fiktion. Beide teilen sich eine Realitätsebene, die lediglich in zwei Richtungen weist. Die Produktionsebene findet sich nun innerhalb des Projektionsrahmens und die Differenz von inner- und außerfilmisch hebt sich auf.

Grundsätzlich stellt sich hier die Frage nach den fiktiven und realen Bestandteilen der Identität von Schauspielerin und Figur in der Spannung von Produktions- und Darstellungsmodus. Wodurch diese Spannung auch innerhalb verschiedener Wahrnehmungsmodi von Zuschauern besteht, wird sich im Laufe dieser Untersuchungen verdeutlichen. Die Zuschauer realisieren die Vorstellung der Sinnlichkeit des Körpers in ihrer Wahrnehmung entlang der Bilder aber auch mittels Übersetzung filmischer Konventionen bzw. Rituale (z.B. der Vorspann als außerfilmische Informationsquelle und Tor zum Film). Programmatisch veranschaulicht sich hier eine der von Nouvelle Vague proklamierten Idee von Kino: das Sehen von Filmen ist auf gewisse Art immer auch Teil deren Produktion; Zuschauer und Regisseur teilen sich einen Stuhl.

Zwei Namen, ein Körper: Teilidentität, Rollenfigur, Darstellerin

Das genannte Beispiel zeigt: die doppelte Nennung des Namens und die Darbietung des Körpers auf einen spezifischen Blick hin fiktionalisiert die Darstellerin Haydée Politoff *als* Figur namens Haydée. In der visuellen Erscheinung durch den Blick der Kamera vereinen sich zwei unterschiedliche Kategorien: Schauspielerin und Figur. Dabei funktioniert die Kamera als erotisierende Blickinstanz, und im Zuschauerblick modifiziert sich die personale Identität des gezeigten Körpers.

Anja Streiter bezeichnet diesen Charakter der sichtbaren menschlichen Figur oder Person als eine „Teilidentität von DarstellerInnen und Figur".[16] Sie bezieht sich dabei auf Jacques Doillons Film LA FEMME QUI PLEURE (DIE FRAU, DIE WEINT, F 1978), der ebenfalls die Beziehung von Darstellerin und Figur über den Namen und die körperliche Anwesenheit vor der Kamera zur Disposition stellt.

Der Beginn des Films zeigt eine weinende Frau, Dominique, dargestellt von Dominique Laffin. Auch dieser Beginn thematisiert laut Streiter die enge Beziehung von Darstellerin und Rolle im filmischen Bild. Unter Betonung des Prozesses der Rollenübernahme durch die Darstellerin wird an diesem Punkt deutlich, dass das Erscheinen von Rolle und Darstellerin, Figur und Schauspielerin nicht zwangsläufig innerhalb einer Narration oder als Moment eines dramaturgischen Verlaufs, sondern als eigenständiger filmischer Prozess angesehen werden kann. Streiter schreibt:

> „So wie die Krise einer Frau als Zustand selbst in den Blick genommen wird und nicht als Moment innerhalb einer Dramaturgie funktioniert, rückt die Darstellung als Prozeß der Übernahme einer Rolle durch eine Person ins Bewusst-

[16] Streiter, Anja (2002) „Die Frau, die weint", in: *nachdemfilm.de*, no4 (2002), http://www.nachdemfilm.de/no4/str01dts.html, S. 1.

> sein. Der Vorspann macht aufmerksam auf den Vorgang der Entwicklung einer fiktiven Figur, die nicht unabhängig von der sie darstellenden Person ist, sei es, daß sie von ihr getragen oder verkörpert wird, sei es, daß die Rolle sich auf die Person der Darstellerin oder des Darstellers bezieht oder sogar auf sie zielt."[17]

Streiter beschreibt einen Prozess, währenddessen sich das Bild der Schauspielerin mit dem der Figur überzieht, ohne dass das eine oder andere gänzlich verschwinden würde. Der Begriff der Person meint bei Henry M. Taylor und Margrit Tröhler dagegen ein „Individuum", einen

> „außerfilmisch reale[n] Mensch[en], der einen persönlichen doppelten Namen trägt; die Person ist psychische und physische Entität. Sie stellt die Grundlage der schauspielerischen Leistung und der menschlichen Figur im Film dar. Obwohl sich in diesem Punkt die Theatertheoretiker nicht einig sind, haben wir es zwecks Abgrenzung zwischen realen Menschen und Kunstfiguren vorgezogen, den Begriff nicht analytisch zu verwenden. Die Person bleibt somit von der Filmanalyse ausgeschlossen, dient jedoch zur differentiellen Beschreibung der Figur."[18]

Eine solche Definition wird hier schwierig, da sich der Rollen- und Personenbegriff Anja Streiter folgend auf zwei Ebenen ausbreitet, die im tatsächlichen Auftreten im Film bzw. filmischen Bild nicht a priori voneinander zu trennen sind. Streiter betont ja gerade den Moment des Übergangs von der Person der Darstellerin zur Person der Figur als spezifisches filmisches Moment. Auch wenn der Begriff der *Person* im Grunde auf eine Realität außerhalb des Filmes zu verweisen scheint, wird er auf die filmische Ebene transportiert ohne rein fiktiv oder bereits Figur zu sein. Taylors und Tröhlers Begriff der Person dagegen schließt eine solche Ebene des Übergangs nicht mit ein. Die Person der Schauspielerin wäre in ihrem Ansatz konsequenterweise ganz von der fiktiven Filmebene ausgeschlossen. Damit teilen Taylor und Tröhler die faktisch reale von der fiktiven Welt. Zwischen ihnen gibt es zwar einen Austausch, sie bleiben in diesem Austausch dennoch voneinander getrennt.

Der Eindruck der Person, die auf der Leinwand zu sehen ist, entspringt auch im zitierten Beispiel aus LA COLLECTIONNEUSE der durch den Namen markierten Doppelrolle der Darstellerin, die sich aus ihrer Rolle als Schauspielerin

[17] Ebd.
[18] Taylor / Tröhler 1999, S. 138.

und ihrer Rolle als filmischer Charakter zusammensetzt. Letzteres soll des Weiteren als Rollenfigur bezeichnet werden. Der Begriff der Darstellerin bezieht die scheinbar extradiegetische (Produktions)Ebene als ein Aspekt von Schauspielern mit ein. Er dient lediglich als Hilfsbegriff und funktioniert als Abgrenzung zu dem des Schauspielers oder der Schauspielerin. Rollenfigur und Schauspieler als Pole des Sichtbaren können in der Analyse nur innerhalb der filmischen Realität verankert werden.

Vor der Kamera – ein Bild

Der Prolog des Films LA COLLECTIONNEUSE zeigt eine Möglichkeit der kinematografischen Doppelpräsenz von Rollenfigur und Schauspielerin. Sie wird durch das Verhältnis der Parameter menschlicher Körper und Kamera thematisiert und durch das Element von Bewegung strukturiert: Zunächst folgt der Kamerablick dem Körper in Bewegung, zeigt dessen Bewegungsqualitäten, lässt sich durch Schwenks auf sie ein. Aber dann wählt er selbst bestimmte Ausschnitte, fragmentiert den Körper zu einem erotischen Objekt, der skulpturengleich unter diesem Blick stillhält, sich der Forderung des Kamerablicks beugt.

Bewegungsqualität, Beschaffenheit des Körpers im Sonnenlicht und die erotische Konnotation individualisieren Haydée. Der Eindruck der so genannten Teilidentität ist also ohne den inszenierenden Blick der Kamera nicht zu denken. Das Verhältnis von Rollenfigur und Schauspielerin wird durch die Instanz eines Blickes in Spannung gebracht und als ihr personaler Anteil filmisch visualisiert.

Auch das Spiel als Ausdrucksdimension der Schauspieler ist nicht sichtbar ohne die Kamera. Diese registriert das Spiel, ohne dabei zwangsläufig ihre eigenen Ausdrucksmöglichkeiten einzuschränken, d.h. ohne reines Aufnahmegerät zu sein und den Film zu einem abgefilmten Theater zu machen. Im besten Falle geht das Schauspiel mit den Ausdrucksmöglichkeiten der Kamera eine enge Beziehung ein, um filmische Figuren zu erzeugen.

Grundlage der folgenden Filmbetrachtungen ist das Verhältnis bzw. die gegenseitige Abhängigkeit von Darsteller und Kamerabild und die sich daraus ergebende Funktion von Schauspielern im filmischen Bild.

> „Unter ‚Bild' verstehe ich ganz allgemein alles, was die Repräsentation auf der Leinwand dem repräsentierten Gegenstand hinzufügen kann.“[19]

So beschreibt André Bazin seinen Bildbegriff. Seiner Idee folgend, ist das Verhältnis von Schauspieler und Kamera nicht zu trennen von einer Idee des filmischen Bildes an sich. Es ist dabei nicht nur Abbild einer Sache, sondern diese bekommt durch die kinematografische Präsenz – durch ihr Zusammentreffen mit den Potenzialen des filmischen Bildes – eine ganz eigene Realität. Schauspieler sind in der Betrachtung nicht zu trennen vom Ausdruck ihres Schauspiels, und der Ausdruck des Schauspiels ist nicht zu trennen vom Blick der Kamera.[20]

In dieser Perspektive lassen sich Schauspieler als Teil des filmischen Bildes begreifen. Der Aspekt der Teilidentität versteht sich dann als Eigenschaft eines Bildes von Schauspielern. Für den analytischen Ansatz dieser Untersuchung heißt das, Schauspieler nicht als extrafilmische Personen zu behandeln, sondern ihrer Wahrnehmbarkeit innerhalb filmästhetischer Dimensionen zu folgen. Sie sollen als kinematografische Phänomene erfasst werden, die ein Bild und eine Vorstellung davon geben, was eine Person, was natürlich, künstlich, männlich, weiblich, real oder imaginär sein kann. Es wird herauszufinden sein, in welcher Form sich die Darsteller durch ihr Spiel in ihrer schauspielerischen Eigenschaft selbst thematisieren und die Teilidentität als Element ihrer Realität in Szene gesetzt wird.

---

[19] Bazin, André (1975) *Was ist Kino? Bausteine zur Theorie des Films.* Köln: DuMont Schauberg, S. 28.

[20] Vgl. Streiter, Anja (1995) *Das unmögliche Leben. Filme von John Cassavetes.* Berlin: Vorwerk 8, S. 13.

Im Mittelpunkt der Mensch

Wie sich in den Filmen Eric Rohmers Kamera und Schauspieler in ihrem Ausdrucksvokabular aufeinander beziehen und in diesem Bezug sich selbst zum Thema machen, hat methodisch der Anfang des Prologs aus LA COLLECTIONNEUSE gezeigt. Auseinandersetzungen mit Rohmers Filmen beschäftigen sich angesichts dieser Tatsache erstaunlich wenig mit dem filmischen Phänomen ‚Schauspieler'. Lediglich Alain Hertay hat ein Kapitel seines Buches der Darstellerin Béatrice Romand in LE BEAU MARRIAGE (F 1982) gewidmet.[21] Deutschsprachige Monografien gibt es zu Rohmer ohnehin nur sehr begrenzt und eher literaturwissenschaftlich als filmwissenschaftlich orientiert. Schauspieler werden zwar immer wieder erwähnt, aber immer nur dem eigentlichen Untersuchungsgegenstand – beispielsweise einer stilistischen Bildästhetik, des filmischen Raumes, der Farben, dem Thema und den Figuren – untergeordnet. Dabei gerät aus dem Blick, dass sie Teil der medialen Struktur eines Films sind und nicht von dessen Parametern zu trennen sind.

Diese Untersuchungen folgen dem möglichen Verständnis vom Film als anthropozentrisches Medium.[22] Im Mittelpunkt dieses Kinos steht der Mensch – sei er gezeichnet, animiert oder real abgefilmt –, sein Körper, seine Handlungen oder Zustände und seine kommunikative Kraft, Gefühle oder Wünsche zu äußern. Entlang dieser Idee folgen die Untersuchungen analog zu Hermann Kappelhoff einer westlichen, bürgerlichen Tradition. Sie knüpfen an eine Idee von Schauspielkunst,

> „die am Ausgangspunkt des bürgerlichen Theaters, am Ausgangspunkt jenes psychologischen Verständnisses von Schauspielkunst steht, das noch heute die fiktionale Darstellung in der westlichen Film- und Fernsehkultur prägt: dem

[21] Hertay, Alain (1998) *Eric Rohmer. Comédies et proverbes.* Liège: Éditions du CÉFAL.
[22] Vgl. Devoucoux, Daniel (2007) *Mode im Film. Zur Kulturanthropologie zweier Medien.* Bielefeld: transcript.
Auf die weit reichenden Aspekte und Zusammenhänge von Anthropologie und Schauspielkunst, Kino und Menschenbilder sei aufgrund des begrenzten Raumes nur hingewiesen.

anthropologischen Entwurf der Schauspielkunst im Theater der Empfindsamkeit."[23]

Bildästhetik, filmische Räume oder thematische Dimensionen sollen in dieser Studie also nicht ausgespart, sondern als Bezugssysteme betrachtet werden, die von den Darstellern zum Entwurf ihrer Rollenfiguren genutzt werden. Es versteht sich von selbst, dass Beziehungen und Interaktionen der Schauspieler untereinander ebenfalls eine Form solcher Bezugssysteme bedeuten.

Anhand der schauspielerischen Arbeit als gegenseitige Bezugnahme und den Beziehungen der Schauspieler zu drei der wichtigsten filmisch-ästhetischen Parameter (Kamera/Bild, konkreter Raum/Dekor und Erzählung/Zeit) kristallisiert sich so das Bild einer Funktion von Schauspielern heraus. Dabei rückt ihr Spiel als Moment der Beziehungen und Spannungen, als ein Mit- und Gegeneinander in den Blick, das sie zu Konkurrenten bzw. Mitspielern macht und Fragen nach sozialen Beziehungen, Auflösung und Neubildung von Gruppen stellt.

Diese Fragen werden in den meisten Filmen Rohmers bereits auf inhaltlicher Ebene zu einer treibenden dramaturgischen Kraft: Liebe, der Wunsch nach Alleinsein oder Gesellschaft, Begehren, die Sehnsucht und die Einsamkeit der Figuren. In ihren dramatischen Mustern verschiebt sich beständig die Konstellation der nach Liebe suchenden Figuren in Liebesketten und -kreisen,[24] während sie ihre Liebeskonzepte proklamieren und ihre Vorstellungen von sich selbst und anderen aufeinanderprallen (z.B. PAULINE À LA PLAGE (F 1983).[25] Junge Frauen schwanken zwischen ungewollter Einsamkeit und selbst bestimmtem Alleinsein, zwischen Großstadtgesellschaft und Ehegemeinschaft, Paris und Urlaubsorten, Groß- und Trabantenstadt (z.B. LES NUITS DE LA PLEINE LUNE, F 1984).[26] Andere suchen nach einer Liebesgemeinschaft, die sich an romantischen Konzepten

[23] Kappelhoff, Hermann (2008) *Realismus: Das Kino und die Politik des Ästhetischen.* Berlin: Vorwerk 8, S. 109.

[24] So z.B. in LE BEAU MARRIAGE (1982), PAULINE A LA PLAGE (1982), L'AMI DE MON AMIE (1987) oder CONTE D'AUTOMNE (1998). Dazu
Felten, Uta (2004) *Figures du désir. Untersuchungen zur amourösen Rede im Film von Eric Rohmer.* München: Fink Verlag. sowie
Dubroux, Danièle (1983) „Le Caprice de Marion", in: *Cahiers du Cinéma*, Nr. 346 (1983), S. 13-14, hier S. 13.

[25] So auch in LA FEMME DE L'AVIATEUR (1980)

[26] LES NUITS DE LA PLEINE LUNE (1984), CONTE D'AUTOMNE (1998)

orientiert, und manche suchen einen Partner für sich oder andere (z.B. LE RAYON VERT, F 1986).[27] Alle aber werden außerhalb ihrer Arbeitstätigkeit gezeigt, in Momenten der Freizeit, des Urlaubs und auf den Wegen, die sie im Alltag zurücklegen, an Orten und in Situationen, die zwischen den gesellschaftlich determinierten und reglementierten Alltagsmomenten liegen. Ihre soziale Realität determiniert sich nicht über Arbeit, sondern in ihrem ambivalenten Verhältnis zum eigenen Leben und der sozialen Rolle, die sie darin spielen. Ähnlich beschreibt dies Anja Streiter in ihren Ausführungen zu Cassavetes oder Doillon.[28]

Die Entscheidung für PAULINE À LA PLAGE, LES NUITS DE LA PLEINE LUNE und LE RAYON VERT geht direkt vom Spiel der Darsteller vor der Kamera, im Raum und im Verhältnis zu ihrem Spiel aus. Dabei werden sie in körperlichen und spielerischen Dimensionen immer auch zu ihrem Verhältnis zur Figur befragt. Die drei Analysen bearbeiten jeweils einen Aspekt – darin eingeschlossen, dass die für einen Film erarbeiteten Ergebnisse auch auf andere Filme angewendet werden können. Da sich bei Schauspielern nicht nur das Problem des Verhältnisses von Fiktivem und Realem, sondern auch der Künstlich- und Natürlichkeit stellt, bieten auch in dieser Hinsicht die drei genannten Filme wertvolle Erkenntnismöglichkeiten. In ihnen werden Fragen nach Stereotypen, Lebensgefühl, Mode und soziale Normen verhandelt.

Aus der Mitte der Zyklen

Eine Untersuchung über Schauspieler in meinem Sinne erfordert, Figurenkonstellationen wie beispielsweise die Liebeskette in der Analyse nicht als rein dramaturgischen Entwurf zu funktionalisieren. Sie sind vielmehr als konkret im Bild verankertes spielerisch-ästhetisches Phänomen zu begreifen, das sich im Spiel und der Erscheinung der Darsteller realisiert: als Spielsituation also, in der sich das Phänomen ‚Schauspieler' ereignet.

---

[27] LE RAYON VERT (1986), CONTE D'HIVER (1992).

[28] Streiter 1995 und 2006.

Während die Filme der *Contes Moraux* noch die Sicht einer Figur zum Vehikel der Erzählung machen, handelt es sich bei den Filmen der *Comédies et Proverbes* um Figurenkonstellationen, innerhalb derer die Beziehungen multiperspektivisch und auf ein Figurenensemble hin angelegt sind.[29] Das Spiel der Schauspieler und die Entstehung der Figuren müsste in Ersterem auf die Perspektive der Hauptfigur zurückgeführt werden, wobei sich das analytische Thema dann auf Figurenkonstruktion und Perspektivisierung von Narration verlagern würde. Der Fokus der *Comédies* liegt also im Vergleich zu den *Contes Moraux* deutlicher auf dem Miteinander der Figuren. Zwischen den ersten beiden Zyklen lässt sich ein entscheidender Schritt für das Verständnis der Filme Rohmers als Teilhaber der Nouvelle Vague ausmachen: das Ausformulieren einer Ästhetik der Moderne, in der sich das Bild gegen die Erzählung autonomisiert und deren filmtheoretischer Reflektor der französische Philosoph Gilles Deleuze ist.[30]

Die Filme der *Contes Moraux* erreichen ihre jeweils einheitliche und gleichmäßige Tonalität aus der Inszenierung und der Erzählhaltung, wobei eine rhythmische Anpassung des Spiels der Schauspieler zu beobachten ist. Viel klarer hingegen entstehen filmischer Rhythmus und Tonalität der Erzählung in den *Comédies et proverbes* aus dem Spiel und der Präsenz der Schauspieler selbst. Der spätere Zyklus *Contes des quatre Saisons* baut darauf auf. Hier werden noch Feinabstimmungen in Figurenkonstruktion und Perspektivierung vorgenommen und die Themen weiter variiert, nicht zuletzt durch das Altern der Darsteller, die sich um Rohmer gruppieren und immer wieder in den Filmzyklen auftauchen. Insofern lässt sich den *Comédies et Proverbes* ein grundlegender Status für die Auseinandersetzung mit der Bedeutung von Schauspielern in Rohmers Filmen zuweisen.

---

[29] Die ausgewählten Filme Rohmers stehen in der Mitte des siebenteiligen Zyklus *Comédies et Proverbes* aus den Achtziger Jahren. Er beginnt mit den Filmen LA FEMME DE L'AVIATEUR (F 1980) und LE BEAU MARIAGE (1982). Der Zyklus endet mit QUATRE AVENTURES DE REINETTE ET MIRABELLE (F 1986) und L'AMI DE MON AMIE (F 1987).

[30] Vgl. Grob, Norbert / Kiefer, Bernd (2006) „Mit dem Kino das Leben entdecken. Zur Definition der Nouvelle Vague“, in: *Nouvelle Vague*, hrsg. von Grob, Norbert u.a.: Mainz: Bender, S. 8-27, hier S. 23.

Ferner zeigen die *Comédies et Proverbes* Brüche in (Ehe-) Gemeinschaften, Lügen, oder Trennungen zwischen den Figuren und die Ambivalenz als Prinzip ihrer Konzeption. Michel Serceau meint, diesen Brüchen sei die Eröffnung eines Mangels essentiell. Der Mangel wird zur Antriebskraft der Figuren.[31] Im Gegensatz dazu sind es die gewünschte oder tatsächliche Vereinigung und Einbindung des männlichen Helden in eine (Liebes)Gemeinschaft, mit der die *Contes Moraux* dessen subjektive Erzählung motivieren. Es stünden dabei weniger die Liebe und ihre Verwicklungen, weniger die dramaturgische Konstruktion dieser Liebesthematik im Mittelpunkt, so Serceau. Viel deutlicher dagegen gehe es in den *Comédies et proverbes* um die Art zu leben und zu sein und um die sichtbaren sozialen Formen dieses Seins.[32]

Unter dieser Prämisse lassen sich die Figuren im analytischen Blick einmal mehr von einer engen Verknüpfung mit dramaturgischen Funktionen befreit sehen. Die Darstellungsakte lassen sich gelockert von ihrer Funktionalität als narrative Einheiten betrachten, in denen ansonsten eine Geste leicht zu einer zielgerichteten Handlung uminterpretiert werden kann. Die existenzielle Situation der Figuren und ihre Beziehungen werden aus ihrem Verhalten, ihren Auftritten und Reaktionen aufeinander heraus einsichtig.

Der Mangel als Antriebsprinzip der Figuren entwirft dabei einen Zwischenraum zwischen Spiel und Darstellung, Sprechen und Handeln. Darstellungsakte und ihre Interpretation durch die Zuschauer sind verhandelbar. Diese Tatsache öffnet in der Wahrnehmung dieser Zwischenräume den Blick auf Beziehungen der Darsteller zu ihren Rollen und der Schauspieler zu ihren Figuren. Das Gesellschaftsspiel werde, so Serceau weiter, in den folgenden Zyklen wirklich zu einem dramatischen Spiel im Sinne des Theaters, innerhalb dessen die Spannungen der Figuren affektiv durchgeführt würden. Der Blick verlagert sich von der Wahrnehmung dramaturgischer Figuren auf Interaktionen und Spannungsverhältnisse innerhalb einer Gruppe oder Gemeinschaft. Das Spiel rückt als Interaktion, das Casting als Ensemble und Figurenkonstellationen rücken als Figurationen in den Mittelpunkt.

---

[31] Vgl. Serceau, Michel (2000) *Eric Rohmer. Les jeux de l'amour, du hasard et du discours.* Paris: Éditions de cerf, S. 103.

[32] Ebd.

Mögliche Bezugssysteme in der Rohmer'schen Filmografie

Auf vielfältige und unterschiedliche Weise kann Rohmers Werk als Auseinandersetzung mit dem Phänomen ‚Schauspieler' begriffen werden. Bei Betrachtung aller Filme zeigen sich unterschiedliche ästhetische Bezugssysteme kultureller Tradition heraus, zu denen die filmische Präsenz der Schauspieler in Beziehung gesetzt werden kann. Solche Bezugssysteme kommen vor allem in den Filmen außerhalb der drei großen Erzählzyklen zum tragen, die diese immer wieder unterbrechen. Hier einige Beispiele:

LE MARQUISE D'O. (F 1976) stützt sich vor allem auf zwei Bezugssysteme, die Literatur (Heinrich von Kleists Novelle) und Malerei. In Dekor, Licht und Arrangement orientieren sich die Bilder deutlich an der Malerei der Kleist-Epoche (Rembrandt, deutsche Romantik, Johann Heinrich Füßli). Die Schauspieler, in dieses malerische Setting eingefügt, werden zu Elementen der kinematografischen Malerei; ihre figurative Beziehung zum Bild orientiert sich auch in ihren Bewegungsprinzipien an der Figurendarstellung zeitgenössischer Malerei.

Im Jahr 2001 geht Rohmer auf ähnliche Weise mit dem rein digitalen Setting in L'ANGLAISE ET LE DUC (F 2001) um. In seiner Adaption der Mémoiren einer Dame der Gesellschaft passt Rohmer sein Kino den digitalen Bildtechnologien an. Wobei sich das Prinzip der schicksalhaften Verknüpfung innerhalb des Plots aus der Situation des Drehens zu entspringen scheint. So wie sich die Figuren im übertragenen Sinne durch den Nebel von Verschwörungen während der französischen Revolution kämpfen, bewegen sich die Schauspieler vor dem Blue Screen und reagieren auf eine für sie teils unsichtbare und ungreifbare Umgebung. Das Prinzip der Bilderzeugung und die sich daraus ergebende Rolle der Schauspieler im Produktionsprozess finden ihre Analogien thematisch auf der Ebene der Verhältnisse während der Revolution und in der schicksalhaften Verknüpfung der Figuren durch die Ereignisse.

In PERCEVAL LE GALLOIS (F 1977) bewegen sich die Schauspieler vor allem auf Pferden durch einen bühnenartigen Studioraum, dessen Künstlichkeit und Gemachtheit durch die Anordnung der Spielorte an einem Ort und Materialien (Bäume aus Pappe und Metall) herausgehoben werden: die meilenweiten

Ritte Parzifals betragen in dem sichtbar abgefilmten, theaterhaften Raum tatsächlich nur einige Meter. Deutlich wird dies in ungeschnittenen Schwenks, innerhalb derer ein Szenen- oder Ortswechsel stattfindet. Gemalte Prospekte beschreiben die Weite der Landschaft, und die Unerreichbarkeit des Horizonts wird zu einer unscharf gemalten Linie auf Prospektleinwand.[33] Die Sprechakte gründen auf direkt an der mittelalterlichen Textvorlage Chrétien de Troyes ausgerichteten Dialogstruktur, oft in indirekter Rede oder der dritten Person gehalten. Sie sind eher gesprochene Zustände einer Figurenbeschreibung denn einer auf Kohärenz angelegten psychologischen oder typischen Figur. Sie sind gesprochene Darstellungsakte, deren Urheber nicht die Rollenfiguren sind, und die direkt aus der mittelalterlichen Schriftvorlage zu entspringen scheinen. Der Text wird zum Darstellungsspiel und so zur Rezitation, er beginnt Geste und Mimik als realistische Darstellungsakte zu zersetzen. Das Gesten- und Minenspiel der Schauspieler steht verstärkt unter der merkwürdigen Konkretion der Bilder und Dinge und bekommt einen plakativ-symbolischen Charakter.

Vor allem die außerhalb der Erzählzyklen stehenden Filme entwickeln sich auf ihrer ästhetischen Ebene aus einem starken Bezug zu ästhetischen Repräsentationssystemen der anderen Künste bzw. visuelle oder narrative Praktiken.[34] Ein solcher Bezug schafft kulturelle Wahrhaftigkeit und atmosphärische Wirklichkeit innerhalb der Filmbilder, so Pascal Bonitzer.[35] Mit diesen Filmen lassen sich Schauspieler nicht nur an und für sich, d.h. in ihrer Wirkung als Entitäten mit starkem Bezug zu dem, was man gemeinhin als deren Realität bezeichnet begreifen. Darüber hinaus sind sie als Elemente atmosphärischer Wirklichkeiten zu verstehen, als Übermittler der Prägung einer ganzen Kulturgesell-

---

[33] Dies ist umso interessanter, da Lars von Trier nicht ganz dreißig Jahre später mit DOGVILLE (2003) und MANDERLAY (2005) einen ähnlich abstrakten Bühnenraum mit konkreten Objekten schafft, und diesen auf die Spitze treibt. Natürlich handelt es sich um einen ganz anderen Film, schon allein, weil die Darsteller auf ihre gesellschaftliche Funktion als Star bzw. als Image hin inszeniert werden und daraus direkte Eigenschaften für die Figuren destilliert werden.

[34] Das soll nicht heißen, die Filme der Zyklen ließen sich nicht auch auf andere Bezüge hin untersuchen. So richtet sich beispielsweise in L'AMI DE MON AMIE die Komposition der Farben der Kostüme durch die Anordnung der Schauspieler im Bild an der abstrakten modernen Malerei aus. Der Bezug zur Malerei ist hier aber eher als Moment der Inspiration denn als ästhetischer Gesichtspunkt in der konkreten Bildgestaltung zu verstehen.

[35] Bonitzer, Pascal (1991) *Eric Rohmer*. Paris: Éditions de l'étoile / CdC, S. 86.

schaft. Dabei wäre das Schauspiel nicht mehr nur im Verhältnis zur Kamera, sondern auch zu den ästhetischen Darstellungssystemen und -normen anderer Künste zu bringen und in ein Verhältnis zu Formationen von Gesellschaftskultur zu setzen.[36]

Ästhetische Bezugssysteme dienen dann nicht nur als Quelle für Elemente zur stilistischen Herstellung einer filmischen Sprache. Vielmehr zeigen sie sich als kulturelle Wahrnehmungssysteme oder Hilfsperspektiven, die sich in einer ganz bestimmten Zeit analog zu gesellschaftsrelevanten Problemen bewegen. Indirekt heißt das auch, dass jede Zeit auch ästhetisch auf ihre Probleme und Themen zu antworten sucht. In diesen Antworten aber lassen sich solche Fragestellungen überhaupt erst ausmachen; die Phänomenologie ihrer Ästhetik funktioniert dabei als Referenz.

In der Integration künstlerischer Bezugssysteme im Rohmer'schen Kino offenbaren sich diese als Glaubenssysteme einer bestimmten Zeit und können als Glaubensgrundsätze angesehen werden. In der ihnen inhärenten Hoffung auf Antwort funktionieren sie ähnlich wie die Weltsicht einer Figur, z.B. wie die populärromantischen Ansichten der jungen Frauen über Liebe, Sternzeichen oder die Ankunft eines *prince charming* in LE RAYON VERT – nur dass sie auf andere Art zur Sprache bzw. ins Bild kommen. In welcher Form auch immer, ästhetische Bezugssysteme bedeuten eine Kultursprache, deren (visuelle) Kraft sich aus ihren Möglichkeiten speist, die Dinge in subjektiver Perspektive zu zeigen.

Es geht weniger darum, den Film traditionellen Kulturformen wie der Literatur oder Malerei anzunähern. Im Grunde sind ästhetische Bezugssysteme vielmehr als Schatzkammern anzusehen, in denen Weltsichtmodelle vergangener Zeiten lagern. Aus ihnen schöpft Rohmer während seiner bildgestalterischen Arbeit. So erzeugt er visuelle, dramaturgische, dialogische und thematische Spannungsverhältnisse und schafft ein kunsthistorisches Kaleidoskop kultureller Perspektiven.

[36] Wie Anja Streiter Max Raphael zitiert, bedeutet das Bild die Veränderung der Gestaltung aller Elemente, und es verändert sich, indem es sich in dieser Gestaltung auf andere Bezugssysteme richtet. Siehe
Streiter 1995, S. 100.

Obwohl als spezifische Perspektive auf die Welt qualifiziert, ist ihnen in den Filmen Rohmers keine direkte Figurenperspektive äquivalent. Es wird ein Platz freigehalten für den Kritiker und Regisseur, mit dem der Ursprungspunkt einer künstlerischen Perspektive gesetzt werden kann. In diesem Prinzip des Umgangs mit künstlerischen Referenzsystemen ließe sich der Rohmer'sche Topos des Zuschauers entfalten. Begreift man die Nouvelle Vague im Sinne Frischs „als eine Fortsetzung der Cinéphilie mit anderen Mitteln",[37] schließt sich hier das System Kino wieder. Egozentrisch kehrte es an diesem Punkt zu sich selbst zurück, indem seine Regisseure Filme machten, die auf das Kino selbst und die von ihnen selbst etablierte Nouvelle Vague als cinéphile Kultur- und Gemeinschaftspraxis verwiesen.[38] Nicht zuletzt liegt in den kunsthistorischen Referenzen in den Filmen Rohmers die von Simon Frisch herausgearbeitete „Legitimationsrhetorik künstlerischer Reformbewegungen" aus der Bildenden Kunst erkennen, mit der sich Autoren der Nouvelle Vague in die Reihe großer Künstler stellten.[39] Film wird so als Kunst und der *Auteur* als Künstler legitimiert.[40] Lebenswirkliche Inhalte der Filme werden zudem in ihrer ästhetischen Kompression auf ästhetisch-formale Welten bezogen und darin historisch verbürgt.

Mise-en-Scène und Auteur

In dieser Sicht wird die Physiognomie eines Films auf die Schaffenskraft eines künstlerischen Subjektes zurückgeführt und ästhetische Begriffe auf den Topos der schöpferischen Identität zurückgeführt. Ein Bild ist das Resultat von Inszenierung, und Inszenierung ruft im Zusammenhang mit einem Regisseur der Nouvelle Vague wie Eric Rohmer sofort den Begriff des *Auteurs* auf den Plan.

---

[37] Frisch, Simon (2007) *Mythos Nouvelle Vague. Wie das Kino in Frankreich neu erfunden wurde*. Marburg: Schüren, S. 127.

[38] Dies ist weniger zeitlich als konzeptuell zu verstehen. Denn dieses Kino wollte ja Avantgarde sein, etwas Neues machen. Die Behauptung eines Eigentlichen des Kinos ist weniger als historischer Fakt zu verstehen, sondern programmatisch als neu proklamierte Kampfansage einer jungen Kulturrebellion. Der Topos des selbstreferenziellen Kinos ist Teil der Erfindung der Nouvelle Vague durch sich selbst.

[39] Frisch 2007, S. 238.

[40] Vgl. Frisch 2007, S. 154.

Hinsichtlich dieser Untersuchungen interessiert die Einordnung der besprochenen Filme in das Nouvelle-Vague-Label jedoch wenig. [41] Ferner führt es in die Irre, von einem Autoren auszugehen, der vor seinem Film existiert – als extradiegetische Identität gewissermaßen. Zumal es kaum der historischen Entstehung des Begriffs Rechnung trägt. Denn erst durch die Debatten- und Diskussionskultur in einem politischen Aufbruchklima wurden Proklamationen von Positionen und Meinungen virulent, die so etwas wie einen Autor brauchten.

Aus der Filmkritik kommend entwickelt sich der Autorenbegriff der Nouvelle Vague des Weiteren aus der Genese der Filmrezeption.[42] Zwar ist der Begriff des *Auteur* in seiner historischen Entwicklung auch aus der Kontrolle der verschiedenen Arbeitsschritte eines Films zu verstehen, der nicht zuletzt wegen seiner engen Bindung an die Entwicklung des Drehbuchs einer literarischen Konzeption des Autorenbegriffs folgt.[43] Erst die Wendung jedoch, die der Begriff durch Auseinandersetzungen in der Filmkritik nahm, lässt den *Auteur* als Konzept verständlich werden, das indirekt auch als Hilfskonstruktion diente. In einer politisch aufgeladenen Zeit, in der zudem das Kino eine Befreiung von alten Strukturen und Personenkonzepten erfahren sollte, hilft die Autorenposition bei der Führung von Debatten, der Manifestation von Positionen und Provokation – nicht zuletzt bei der Konstitution der eigenen Identität.

Grundlage aller Debatten war die Proklamation eines neuen Kinos unter dem Label der Nouvelle Vaguer; es galt praktisch herauszufinden und theoretisch zu konzipieren, was dieses Kino war, wie es funktionierte:

> „Der Zusammenhang von Effekten und Ursachen im Kino, die Ästhetik also war es, worüber die Filmkritiker schreiben wollten. Diese ‚Ursachen' suchten die *Cahiers du Cinéma* in der *mise en scène*. Die *mise en scène* als ‚Ursache' der Bedeutungsevokation eines Films wurde somit zum Kern der Filmästhetik,

---

[41] Michel Frodon beispielsweise begründet eine nunmehr allgemein gültige Tatsache, dass die ‚Nouvelle Vague' ohnehin nicht als kohärente Bewegung oder Epoche angesehen werden kann. Siehe
Frodon, Michel (1995) *L'age moderne du cinéma français. De la nouvelle vague à nos jours.* Paris: Flammarion.

[42] Vgl. Frisch 2007.

[43] Eine ausführlichere Erläuterung der historischen Zusammenhänge des Autorenbegriffs in der Nouvelle Vague siehe
Frisch 2007, S. 136 ff.

> in dem alle Fragestellungen zu Weltsicht, Schrift [gemeint ist die Handschrift eines Filmregisseurs im Sinne des vom Filmkritiker Alexandre Astruc entworfenen Begriffs der *camérastylo*, Anm. v. MG] und eigenständiger Sprache des Films zusammenliefen."[44]

Rohmer, seit 1957 Chefredakteur der *Cahiers du Cinéma*, blieb länger als seine Kollegen an der Autorentheorie der frühen Nouvelle Vague und der Mise-en-Scène als filmischer Kunst haften.[45]

Im weiter oben skizzierten Analyseansatz wurde der Fokus auf die produktive Kraft des Blicks (der Kamera, der Zuschauer) gelegt. Diese Überlegung lässt sich von der Frage leiten, wie fiktionale Welten durch die Anwesenheit eines Blickes entstehen, anstatt durch das Konstruieren intentionaler Inszenierungshandlungen die Figur eines Autors begründen zu wollen. Denn:

> „Letztlich erweist sich der Filmautor immer als rezeptive Kategorie: als Konstrukt des Filmkritik, des Marketings, aber auch als Selbstkonzept des Filmemachers (der als *auteur* zu seinem eigenen Rezipienten wird, wenn er über Absichten in seinen Filmen und über Beziehungen in seinem Werk spricht, aus dem Grund, da er eine kommentierende Position einnimmt)."[46]

Lockert man das Verhältnis von Mise-en-Scène und Autorenbegriff, erlöst man Erstere von ihrer ausschließlich symbolischen Funktion für die Darstellung der Weltsicht eines Autors.

Anja Streiter verdeutlicht, wie Überlegungen zu Filmschauspiel und Schauspielern im Film mit der Idee des Dispositivs Kino korrespondieren.

> „Auf beiden Ebenen (der Produktionsseite und der Darstellungsebene) gibt es eine Auseinandersetzung mit dem Gegenüber, und mit der Frage nach dem, was Menschen verbindet und was sie trennt, nach der Möglichkeit von Gemeinschaft. In diesem Kino schrumpft die Welt auf die Welt der Beziehungen, oder vielmehr, sie geht daraus hervor."[47]

---

[44] Frisch 2007, S. 165.

[45] Vgl. Bickerton, Emilie (2008) „Kritiker und Cineasten. Die ‚Cahiers du Cinéma' – Stationen einer legendären Filmzeitschrift.", in: *Lettre International*, Heft 80 (2008), S. 84-91, hier S. 86.

[46] Frisch 2007, S. 256.

[47] Streiter, Anja (2004) „Das Kino der Körper und die Frage der Gemeinschaft. Autorenkino und Filmschauspiel", in: *nachdemfilm.de*, Nr. 5 (2004), http://www.nachdemfilm.de/no5/str02dts.html, S. 7.

Diese spezifische Konstitution der Welt ist es, die hier in erster Linie interessiert. Kino ist ein kultureller Ort sozialer Begegnungen von Figuren, Bildern und Zuschauern. Dort ist die kategorische Unterscheidung zwischen real und fiktiv nicht mehr zwangsläufig. Es interessieren daher vielmehr die Wahrnehmungsmodi, in denen sich diese Welt in den Bedingungen von Blicken und Ansichten für den Zuschauer realisiert. Inszenierung bzw. Mise-en-Scène lässt sich dann immer als eine Herausforderung für den Zuschauer in doppeltem Sinne verstehen.

SICHTBARKEIT UND PHYSIOGNOMIE: PAULINE À LA PLAGE

Die Analyse zu PAULINE ÀLA PLAGE orientiert sich zunächst an der Frage, wie das Kamerabild als kadrierte Bildoberfläche zum filmischen Spielraum der Schauspieler werden kann. In seiner Figurenkonstellation lenkt der Film den Blick auf das Ensemble. Aus den Beziehungen und Interaktionen der Schauspieler und ihr Verhältnis zum Kamerablick lässt sich ein Konzept von Filmschauspiel erarbeiten, in dem die Relationen zwischen der Physiognomie der Darsteller, ihrer Gestik und sozialen Stereotypen zur Grundlage der Entstehung von Figuren werden. Mit dem durch die Kamera gegebenen Spielraum ist zunächst der Bildraum gemeint, wie ihn Eric Rohmer versteht: „das auf das Rechteck der Leinwand projizierte Filmbild." – hier finden wir ihn übersetzt in das Bild eines leeren Strandes in gleichmäßigem, fast weißem Mittagslicht.[48] Das natürliche Licht, mit dem Kameramann Nestor Almendros am Strand arbeitete, stellt einen in dieser Hinsicht unbegrenzten Spielraum für die Darsteller bereit und legt so den Fokus auf die Textur der Haut, Haare, Körper und Kleidung.

---

[48] Rohmer, Eric (1980) *Die Organisation des Raums in Murnaus Faustfilm.* München: Carl Hanser Verlag, S.10.
Dieser Begriff des Bildraums bei Rohmer ist zunächst für die Analyse hilfreich, wird zu einem späteren Zeitpunkt der Untersuchungen aber noch einmal umgedeutet. Der Bildraum, wie Rohmer ihn hier versteht, setzt sich von der Definition ab, die Anja Streiter in Anlehnung an Hermann Kappelhoff verwendet. ‚Bildraum' meint dort nicht das kadrierte Bild. Vielmehr beschreibt der Begriff einen virtuellen, aus der Inszenierung und Montage entstehenden Raum, der das einzelne Bild übergreift. In ihm ereigne sich nichts, denn er sei „das Ereignis selbst", so Streiter. Er kommt allerdings dem Begriff ‚Filmraum' nah, den Rohmer als virtuellen Raum aus dem Zusammenspiel von Bild-, Architekturraum und Zuschauerwahrnehmung entwickelt. Siehe
Streiter 1995, S. 102. sowie
Kappelhoff, Hermann (1995) *Der möblierte Mensch.* Berlin: Vorwerk 8, vor allem S. 75ff. und Rohmer, 1980, S. 10 und 65f.

Banale Geschichte?

Je Vous présente…

Meeresrauschen. Eine Totale. Das Meer und die an Land brandenden Wellen. Am Horizont verteilen sich die Segel von Windsurfern. Zwei Frauen kommen aus dem Wasser: Pauline/Amanda Langlet[49] mit kurzen braunen Haaren und einem Körper zwischen Mädchen und Frau. Sie trägt einen Bikini. Pauline/Langlet verschwindet aus dem linken Bildrand. Die andere, etwas ältere Frau hat langes blondes Haar. Ihr barbiehafter Körper steckt in einem schillernd-silbergrau gestreiften Badeanzug: Marion/Dombasle nähert sich frontal der Kamera, während sie sich die Haare ordnet. Sie fasst sich fröstelnd an den Arm und verdeckt dabei halb ihren Oberkörper. Näher gekommen, ballt sie die Hände zu kleinen Fäusten, öffnet die Arme fröstelnd mit einem kleinen Aufschrei, bleibt stehen und streckt sich nach links dem Handtuch entgegen, mit dem Pauline/Langlet wieder ins Bild kommt. Beide trocken sich gegenseitig ab, bis Marion jemanden im Bild-Off entdeckt. Schnitt.

Ein junger Mann im Neoprenanzug – Pierre/Pascal Greggory – kommt aus dem Wasser, ein Surfbrett mit sperrigem Segel hinter sich herschleppend. Schnitt zurück auf die beiden Frauen: Marion/Dombasle rennt hüpfend und tänzelnd auf Pierre/Greggory zu, den sie winkend ruft. Sie umarmen und begrüßen sich. Marion stellt Pauline vor. Der junge Mann wendet sich kurz Pauline/Langlet zu. Er ist jetzt besser zu sehen: ungefähr dasselbe Alter wie Marion/Dombasle. Er grüßt ohne Interesse und wendet sich sofort der Blonden zu. Pauline/Langlet hält sich im Bildhintergrund und hört halbherzig zu, während Marion/Dombasle sich immer mehr in Szene setzt. Im Bildvordergrund steht sie in vollem Licht. Ihr silbrig-nasser Badeanzug glitzert in der Sonne und sie streicht sich durch die lange blonde Mähne. Pierre lädt die beiden zum Abendessen ein. Schnitt auf einen älteren Mann in weißer Leinenhose und rotem, bis zur Brust aufgeknöpftem Hemd. Mit den Händen in den Taschen kommt er aber läs-

[49] Es sind beide zu sehen, die Darstellerin Langlet und die Figur Pauline – je nach Betrachtungsweise. Im Folgenden werden die Darsteller auf diese Weise mit ihren Rollenfiguren bezeichnet, wenn sie im Bild und innerhalb ihrer Aktionen sichtbar sind. Ansonsten werden die Namen der Schauspieler genannt, wenn es nur um die Darsteller geht. Wenn sich die Betrachtung auf die Figurenebene verschiebt, werden lediglich die Namen der Rollenfiguren genannt.

sig auf die mitschwenkende Kamera zu, bleibt in halbtotal stehen und ruft nach Pierre. Dieser und Marion/Dombasle halten in ihrem Geplänkel inne und wenden sich in die Richtung des Mannes. Die Miene Pierres/Greggorys verfinstert sich schlagartig, Pauline/Langlet beobachtet distanziert die beiden Männer. Marion/Dombasle hört auf zu lachen, schaut ebenfalls in Richtung des Neuen, erst interessiert, dann deutlich angetan. Pierre/Greggory geht nach links aus dem Bild. Er erscheint in der Halbnahen mit dem Neuen, verdeckt diesen kurz mit einem misstrauischen Blick in Richtung der beiden Frauen im rechten Bild-Off. Marion/Dombasle tritt ins Bild. Pierre/Greggory stellt sie unwillig Henri (gespielt von Feodor Atkine) vor. Pauline/Langlet tritt als letzte ins Bild. Auch sie wird vorgestellt. Neues Bild: ein kleines Mädchen rennt auf die Kamera zu. Sie springt in Henris Arm: seine Tochter. Entgegen der Proteste Pierres lädt er alle zu sich ein – vor allem Marion. Henri geht vor, die beiden Frauen folgen ihm sofort. In seinem nassen Neoprenanzug bleibt Pierre/Greggory alleine im Bild zurück, schickt den dreien einen missmutigen Blick hinterher und verlässt das Bild mit hängenden Schultern. Es bleiben der Strand mit einigen Strandspaziergängern, die Surfer auf den kleinen Wellen und das Meeresrauschen.

Eine Figurenkonstellation

„Pauline am Strand“ ist der Titel des Films, dessen Ereignisse am Strand beginnen, die beschriebene Situation ist dessen dritte Szene. Ausgangspunkt der Geschichte, die sich über sieben Tage erstreckt, ist die Figurenkonstellation.

Sommerferien. Marion, Mitte Zwanzig, einmal geschieden und Stylistin aus Paris, verbringt ihre Ferien mit ihrer vierzehn Jahre alten Cousine Pauline im Hause ihres Bruders. Sie treffen Marions Ex-Freund Pierre, Surfer und Student, und Henri, Ethnologe mit Tochter, die bei der Mutter wohnt. Pierre will Marion wieder für sich gewinnen. Sie stößt ihn jedoch ebenso heftig zurück wie sie sich gleichermaßen von Henri angezogen fühlt. Sie und Henri verbringen die Nacht miteinander. Später kommen hinzu: Sylvain (Simon de la Brosse), im gleichen Alter Paulines, der sich für Pauline interessiert. Dann ist da noch Louisette (Rosette), Erdnuss-Verkäuferin und lockere Affäre Henris.

Dann die Intrige: An Henris Strandvilla vorbeikommend, sieht Pierre in einem Fenster die nackte Louisette und einen männlichen Arm. Henri behauptet gegenüber Marion und Pauline, Sylvain sei mit Louisette zusammen gewesen; Pierre dagegen versichert den beiden, Henri am Fenster gesehen zu haben. Weder Pauline noch Marion können und wollen der jeweils ihren ‚Partner' in Misskredit bringende Geschichte glauben. Marion muss für einen Tag nach Paris. Von Louisette schlussendlich in Kenntnis gesetzt, erzählt Pierre Pauline, dass nicht Sylvain, sondern Henri mit Rosette zusammen war. Sie suchen Sylvain, treffen ihn mit Henri und es kommt zu einer giftigen Aussprache, die in einem Eklat endet: Pierre beabsichtigt, Pauline nach Hause zu bringen, Henri will, dass sie bleibt und Sylvain prügelt sich fast mit Pierre. Pauline übernachtet schließlich bei Henri, am nächsten Morgen dem noch schlafenden Mädchen das nackte Bein küsst. Sie stößt ihn zurück. Pauline hat die Nase voll von allen drei Männern. Kurzfristig zu einer Kreuzfahrt eingeladen, schreibt Henri einen Brief an Marion, um sie in Kenntnis seiner Abreise zu setzen. Marion, wieder zurück, und Pauline beschließen, nach Paris zurückzufahren und jede an die eigene bevorzugte Wahrheit des Ereignisses zu glauben.

Wie die oben beschriebene Begegnungsszene am Strand bereits deutlich macht, ist PAULINE À LA PLAGE die Geschichte einer Figurenkonstellation, die sich über das Aufeinanderprallen von Liebesvorstellungen, Wunsch und Wirklichkeit, Verdeckungen und Enthüllungen entwickelt. Diese Geschichte von Liebe und Eifersucht beschreibt die Figur der Liebeskette, die Uta Felten als theatral-literarisches Motiv in der Traditionslinie von Shakespeare über Racine bis zu Mozart und Marivaux verankert.[50] Dieser theatralen Liebeskette liege das

> „Spiel von Lieben und Verschmähen sowie die mit diesem Spiel gekoppelten Motive der Eifersucht, der Täuschung, der Maskerade, der Verkupplung und des Missverständnisses“ [51]

zugrunde und werde auf die vier Spielfiguren (Marion, Pauline, Pierre, Henri) projiziert. In diesem Sinne werden die verschiedenen Liebeskonzepte programmatisch den einzelnen Charakteren (vierte Szene: erstes gemeinsame Abendes-

[50] Felten 2004, S. 81f.
[51] Ebd.

sen bei Henri) zugeordnet. Verbal exponieren sie sich innerhalb verschiedener amouröser Codes und werden darin in der visuellen Bildgestaltung und Ausstattung bestätigt: Gastgeber Henri inszeniert sich als liebender Vater und freiheitlicher, auf Liebe als Erotik bauender Mann. Obwohl er suggeriert, er sei an einer Beziehung interessiert (die Frau müsse nur ebenso freiheitsliebend und mobil sein wie er), ist er eigentlich ein alter Libertin, ein Verführer, dessen Verführungsspiel von ihm initiiert ist und immer auch Spiel- Opfer fordert. Es geht bei ihm nicht nur um die Proklamation der eigenen Liebesidentität, sondern darum, sich damit zu bewerben und darin auszuschmücken. Trieb ist die Eitelkeit zu gefallen, auch sich selbst. Marion, an Leidenschaft und die Liebe auf den ersten Blick glaubend, verpflichtet sich als brennend Liebende ganz der populärromantischen Tradition. Pierre zeigt sich, wie Felten bemerkt, als fragiler bourgeoiser Jüngling, der noch immer seiner Jugendliebe Marion nachtrauert und auf die „amour durable et profond“ wartet.[52] Pauline ergibt sich einer Alter und Erfahrung entsprechenden Beobachterrolle. Doch sie gründet Liebe auf einer wachsenden Kenntnis des Anderen. Die beiden Nebenpersonen Sylvain und Louisette spielen später eine wichtige Rolle für die Bildung, Verwirrung und Auflösung der Paare.

In dieser Dialogszene offenbart sich Liebe in der Inszenierung bereits grundlegend als „symbolisch generalisiertes Kommunikationsmedium“, wie Niklas Luhmann sie beschreibt; sie kann sowohl ausgesprochen als auch besprochen werden.[53] Dabei ist sie immer auch schon Selbstinszenierung der Liebenden. Michel Serceau macht in seiner Arbeit deutlich, dass die Liebe nicht Thema, sondern Medium ist, an dem die sozialen, kulturellen und existenziellen Verhältnisse des Lebens sichtbar gemacht werden.[54]

Was ist so interessant an dieser doch recht banalen Geschichte, in der jemand einen anderen liebt, der aber nur Augen für einen dritten hat? Über die auf den ersten Blick angenehm oberflächlich erscheinenden Charaktere und deren Inszenierung schreibt Pascal Bonitzer über deren Fehlbarkeit:

---

[52] Vgl. Felten 2004, S. 83.

[53] Luhmann, Niklas (1994) *Liebe als Passion. Zur Codierung von Intimität.* Frankfurt/M.: Suhrkamp, S. 9 und 21ff.

[54] Serceau 2000.

„Je sais bien, donc, que les protagonistes de cette histoire manquent plutôt de charme, que l'intrigue qui se noue entre eux est banale, que le ressort de leurs amours – la ‚vanité de plaire' – voue celles-ci au dérisoire, etc. Mais c'est précisément sur cet ensemble de faiblesses que Rohmer fonde la netteté de son trait, sa jouissance de metteur en scène, et la nôtre de spectateurs."[55]

Die Liebe ist nicht Hauptthema, sondern Anstoß für das Spiel der Charaktere. Das Hauptaugenmerk liegt dabei auf der Dynamik des Figurenensembles und seiner filmischen Inszenierung durch die Darsteller.

Vor der Kamera – Rahmenbedingungen

„Der Schauspieler ist eins der Elemente des Bildes. Eine Änderung seiner Haltung, seiner Gesten ändert das Bild. Ein Satz von vorn gesprochen. Ein Satz in Richtung der Kamera hat einen anderen Wert, je nachdem, ob die Kamera hoch steht oder niedrig."[56]

Mit diesem Zitat umreißt Michelangelo Antonioni nicht nur die Bedeutung von Filmschauspielern allgemein. Er zeigt, dass der darstellerische Akt, dass Interaktion, Gesten oder Blicke erst im Verhältnis zur Kamera Bedeutung schaffen. Das heißt auch, dass das Verhältnis der Schauspieler zur Kamera ein Bild von der Figur erzeugt. In diesem Bild erscheinen vor allem die Darsteller, die nicht allein ihr Verständnis von der Rollenfigur erarbeiten. Sie spielen dabei auch eine Rolle als Filmschauspieler selbst.

Um dem nachzugehen, konzentriert sich der folgende Teil der Arbeit über Eric Rohmers PAULINE À LA PLAGE auf die Inszenierung der Darsteller vor der Kamera. Dabei wird eine grundlegende Bedeutung der Kamera beschrieben, die auch für die anderen Filme anwendbar wird. Als Beispiel dient die eingangs beschriebene Begegnungssequenz am Strand, in der sich die Charaktere des Films zum ersten Mal treffen.

---

[55] Bonitzer, Pascal (1983) „Une image peut en cacher une autre", in: *Cahiers du Cinéma*, Nr. 346 (1983), S. 15-17, hier S. 16.

[56] Antonioni, Michelangelo (1967) „Gedanken über den Schauspieler" [1961], in: *Filmkritik*, 11/67, S. 642-643, hier S. 642.

Bildfeld

Marion und Pauline treffen Pierre, der ihnen Henri vorstellt und dieser wiederum seine kleine Tochter. Alle verabreden sich zum Abendessen. Pierre ist frustriert. So könnte man die oben beschriebene Begegnungsszene am Strand in einem einfachen Satz als Handlungsablauf beschreiben. Oder passiert mehr als das? Bei genauerer Betrachtung der Inszenierung erweitert sich eine solche inhaltliche Handlungsbeschreibung auf die eigentliche Bedeutung: der Moment der Ensemblebildung sowohl unter den Figuren als auch den Schauspielern, der vor allem auf der visuellen Ebene stattfindet.

Zunächst fällt der Blick auf die systematische Anordnung der Darsteller vor der Kamera in nahezu geometrischen Beziehungen. Die Darsteller spielen auf genauen Positionen in Bezug zur Kadrierung. Ihre Anordnung verhält sich immer frontal zur Kamera, deren Blick sich vor allem zentralperspektivisch zur Gruppe verhält. Positionswechsel richten sich punktgenau an diesem für den Zuschauer bereitgestellten Blickfeld der Kamera aus. Beispielsweise wechselt Amanda Langlet/Pauline in dem Moment die Position und rückt in den Hintergrund des Bildes, als Pascal Greggorys/Pierres Interesse sich von ihr auf Marion verschiebt. Bis hierhin lässt sich schon sagen, dass ihr Positionswechsel sich auf das, was inhaltlich zwischen den Figuren geschieht bezieht.

Am Beispiel der Strandszene lässt sich deutlich zeigen, dass es sich bei den Einstellungen um Planeinstellungen innerhalb einer größeren Sequenz handelt. Ein Schnitt markiert einen neuen Punkt und eine Veränderung in der Figurenkonstellation. Er bedeutet das Fortschreiten der Zeit und die sukzessive Veränderung der visuellen Variablen des Figurenensembles. Die Einstellungsgrößen bewegen sich neben der Totalen, welche als Establishing Shot eines Charakters dezidiert ausgestellt wird, zwischen der Halbnahen und der Amerikanischen Einstellung. Sie begrenzen ein sichtbares Feld, in dem sich alle fünf Darsteller begegnen können. Solch eine klare Kadrierung bietet an, die Darsteller in ihren wichtigsten körperlichen Ausdruckseinheiten (Gesicht, Oberkörper, Hände, Hüften) zu zeigen. Innerhalb dieses Blickfeldes der Kamera kann sich ihr Spiel ohne Schnitt ereignen. Es nimmt den Modus einer konstanten körperlichen Ausdruckseinheit an – eine Andeutung an das Theater, in dem der permanent anwesende Körper der Schauspieler gegeben ist. Das Spiel wird deutlich in körperlichen, gestischen und physiognomischen Dimensionen begriffen und definiert zunächst darin die Ausdruckseinheit ‚Schauspieler'.[57]

In wieweit lässt sich dieses sichtbare Feld als visuelles System begreifen? Das Kamerabild steckt, wie gezeigt, durch Kadrierung den sichtbaren Bereich ab, in dem die Schauspieler positioniert werden. Die Art dieser einfachen Kadrierung beschreibt Gilles Deleuze am Anfang seines Kapitels über Bildfeld und Einstellung:

> „Gehen wir von einer sehr einfachen Definition aus, selbst wenn wir sie später korrigieren müssen. *Kadrierung sei die Festlegung eines – relativ – geschlossenen Systems, das alles umfasst, was im Bild vorhanden ist* – Kulissen, Personen, Requisiten. Das Bildfeld (*cadre*) konstituiert folglich ein Ensemble, das aus einer Vielzahl von Teilen, das heißt Elementen besteht, die ihrerseits zu Sub-Ensembles gehören."[58]

Das Figurenensemble wird formell von visuellen Konstellationen dargestellt, welche sich in Anordnungen und Zusammenstellungen der Schauspieler vor der Kamera ausdrücken. In knapp vier Minuten wird hier die ganze Figurenkonstellation sprichwörtlich exponiert und mögliche Figurenkombinationen visuell durchexerziert. Hier gibt es alles an Ensemble- Möglichkeiten innerhalb einer Einstellung – Soli, Duette, Trios, ein Quartett und Quintett – die sich zu Tableaux Vivants formieren. In diesem System der Tableux Vivants lässt sich das Figurenensemble in geometrischen Symmetrien oder Asymmetrien beschreiben.

Doch es gibt auch das von den Schauspielern verlassene Bild am Ende der Sequenz. Es ist keinesfalls nur leer, sondern zeigt den Strand in den letzten Tagen der Sommerferien: ein Bildraum als Tabula Rasa, in den sich Inszenierung und Wahrnehmung einschreiben können.

---

[57] Mit Physiognomie ist nicht nur auf die äußere Erscheinung des Gesichts, sondern die des ganzen Körpers gemeint.

[58] Vgl. Deleuze, Gilles (1989) *Das Bewegungs-Bild. Kino 1*. Frankfurt/M.: Suhrkamp, S. 27.

Die inhaltliche Ebene (Charaktere, Exposition der Liebeskette, Anlage der Figurenkonstellation) wird zunächst durch die visuelle Anordnung der Schauspieler zueinander figuriert. Der von Rohmer so genannte Bildraum[59] wird durch die Konstellation der Darsteller innerhalb des Kaders analytisch genutzt.[60] Durch die begrenzende Kadrierung, erweist er sich als Bildfeld, innerhalb dessen die Schauspieler als Spielfiguren positioniert und verschoben werden können.

Deleuze beschreibt das Bildfeld als System, das alle Elemente (und Subelemente) zu einem Ausdrucksensemble zusammenbringt, welches letztendlich das filmische Bild ist. Dieses Ensemble kann ein Maximum an Ausdruckselementen oder nur sehr minimierte „Daten" enthalten.[61]

Der Begriff des Bildraumes bei Rohmer kann dahingehend mit dem des Bildfeldes ersetzt werden, wie er sich bei Gilles Deleuze aus dem Begriff der Kadrierung ergibt. Denn in der hier besprochenen Szene wird das Bildfeld tatsächlich zu einer Informationsfläche. Als solche transportiert es mit der Konstellation des Darsteller-/Figurenensembles visuelle und mit dem Dialog, Meeresrauschen und den Strandgeräuschen akustische Informationen. Das Bildfeld selbst werde erst durch diese Informationen als räumliche Komposition sichtbar, so Deleuze.

Im Bildraum des Strandes als Tabula Rasa erfüllt sich die von Deleuze konzipierte Definition des Bildes, das sich durch eine Kadrierung als Grenze auszeichnet und als dynamisch variierbare Einheit verhält.[62] Die Darsteller werden zu Subelementen des durch ihre Präsenz in Dynamik gebrachten Bildes.

In der Idee des Bildraums als Tabula Rasa liegt das konstruktive Moment, dass sich dort etwas einschreiben, etwas Neues zur Entstehung gebracht werden kann. Äquivalent dazu ist Kadrierung nach Deleuze ein das Bild konstituierender Vorgang:

---

[59] Rohmer folgend ist mit Bildraum der abgefilmte Umweltraum gemeint, wie er sich im Bild selbst zeigt.

[60] Eine genauere Beschreibung dieser Figuration wird in den folgenden Absätzen unter Berücksichtigung von Physiognomie und Spiel der Darsteller beschrieben werden.

[61] Deleuze 1998, S. 27ff.

[62] Deleuze 1998, S. 28.

„Kadrierung ist die Kunst, Teile aller Art für ein Ensemble auszuwählen. Dieses Ensemble ist ein relatives und künstlich geschlossenes System. Das durch das Bildfeld bestimmte geschlossene System kann in Hinsicht auf die Daten, die es den Zuschauern vermittelt, betrachtet werden – dann ist es ein entweder gesättigtes oder verknapptes Informationssystem. Für sich und als Begrenzung gesehen ist es geometrisch oder physikalisch-dynamisch. Von der Beschaffenheit seiner Teile her ist es ebenfalls noch geometrisch oder physikalisch-dynamisch. Wenn man es im Verhältnis zum Blick- und Einstellungswinkel betrachtet, ist es ein optisches System; dann ist es im pragmatischen Sinne folgerichtig, oder es verlangt nach einer höheren Rechtfertigung. Schließlich determiniert es ein ‚Außerhalb des Bildfeldes' in Gestalt eines umfassenderen Ensembles, in das es übergeht, oder in Gestalt eines Ganzen, in dem es aufgeht."[63]

Am Ende der Sequenz haben alle Schauspieler/Charaktere das Bildfeld verlassen. Das Bild des leicht überbelichteten Strandes mit seinen Besuchern und ist in seinen durch das grelle Mittagslicht entzogenen Farben eine sehr direkte Visualisierung des entleerten Bildfeldes. In Deleuzes Worten zeigt sich diese Art des Bildfeldes indirekt in seiner pädagogischen Charakteristik:

„So lehrt uns das Bildfeld – ob nun über Verknappung oder Sättigung –, daß das Bild sich nicht nur zum Sehen anbietet: es ist ebenso lesbar wie sichtbar."[64]

In der Gruppierung der Darsteller (resp. der Figuren) wird nicht eine Figur als Protagonist behandelt, sondern alle Charaktere werden bezüglich dieses Bildfeldes gleich behandelt. Sie werden zu gleichwertigen Teilen eines – relativ – beweglichen Ensembles. Innerhalb dieses audiovisuellen Figuren- bzw. Bildensembles werden aus der dynamischen Visualisierung Situationen in Spannungsverhältnissen, Wechselbeziehungen und sozialen Beziehungen der Charaktere sichtbar.

Michel Serceau betont, wie sehr die Inszenierung von Figuren und Orten eine filmische Repräsentation schafft, die sich weniger an dramaturgischen als an analytischen Gesichtspunkten gegenüber den Gegebenheiten ausrichtet, die diese Repräsentation bestimmen:

„Cet environnement, ces moeurs et ces comportements qu'il ne privilégie pas les uns par rapport aux autres, il ne les met cependant pas en scène. Il en fait

[63] Deleuze 1998, S. 35.
[64] Ebd.

une représentation plus analytique que dramatique ou poétique (ce qui ne veut pas dire que la poésie en est exclue), analytique et non symbolique ou emblématique."[65]

Serceau argumentiert vor allem inhaltlich. Nicht nur die Umgebung, die gesellschaftlichen Gewohnheiten oder das Verhalten bestimmen die Analytik des Gezeigten. Es ist auch das Primat des Sichtbar- Seins und die An- oder Abwesenheit der Schauspieler selbst, die solch einen analytischen Charakter der kinematografischen Repräsentation überhaupt voraussetzen. Die Gruppe wird auf ein Bild- System bezogen, das dem inhaltlich Dargestellten übergeordnet ist, und nach dessen Regeln der Sichtbarkeit sie sich richten muss.

Bildrahmen

Der durch die Kamera gegebene Bildausschnitt wird aber nicht nur analytisch durch die räumliche Konfiguration der Schauspieler als Bildfeld hervorgehoben. Das Kamerabild wird deutlich in seiner begrenzenden Eigenschaft betont. Als Beispiel dient das Ende der bereits besprochenen Strandszene, während dem Pierre die Gunst Marions an Henri verliert.

Das Quintett am Ende der Begegnungssequenz zeigt alle fünf Personen innerhalb des Bildfeldes. Henri spricht mit seiner Tochter auf seinem Arm. Er hat die komplette rechte Bildhälfte zur Verfügung und dadurch verhältnismäßig viel Spielraum, während sich die anderen drei Charaktere in der linken Bildhälfte drängen. Marion ist etwas von ihm abgerückt und drängt Pauline weiter an den linken Bildrand in Richtung Pierre. Dieser ist gerade noch ganz links im Bild zu sehen, wird allerdings von Pauline fast gänzlich verdeckt.

Ihm bleiben im Grunde nur Möglichkeiten visuell zu verschwinden: Entweder er bewegt sich hinter Pauline auf Blickachse der Kamera immer weiter in den Bildhintergrund, um nicht verdeckt zu werden. Das ließe ihn jedoch immer kleiner werden. Träte er nach links, verschwände er ganz aus dem Bild – oder er bleibt eben verdeckt.

---

[65] Serceau 2000, S. 141f.

Pascal Greggorys (Un)Sichtbarkeit im Bild verräumlicht regelrecht die auswegslose Lage Pierres, aus der dieser sich nicht befreien kann. Innerhalb des Bildrahmens gibt es für Greggory weder einen Platz noch Möglichkeiten, seiner zunehmenden Unsichtbarkeit zu entgehen, während auf der inhaltlichen Ebene Pierres Unwichtigkeit zunimmt. Das sichtbare Verdecken Greggorys vor dem Blick der Kamera illustriert Pierres sinkenden Marktwert bezüglich Marions Interesses. Henri ist der Sieger in diesem Spiel. Und tatsächlich führt dieser die beiden Frauen mit zu sich nach Hause.

Die Auftritte der Schauspieler werden wirklich zu Auftritten wie im Theater. Sie sind durch ein Spiel determiniert, das sich ganz der Sichtbarkeit im ihnen zur Verfügung gestellten Blickfeld der Kamera verschreibt. Der Bildrahmen wird zur Grenze des Ausdrucksensembles ‚Bild', das zu einem durch das Primat der Sichtbarkeit beherrschten Tableau wird. Es ist dem Tableau ähnlich, wie Roland Barthes es beschreibt:

> „Das Tableau (in Malerei, Theater, Literatur) ist ein reiner Ausschnitt, mit klaren Rändern, unumstößlich, unbestechlich, der sein ganzes namenloses Drumherum ins Nichts stößt, und alles, was es in seinen Bereich einbezieht, dem Wesen, dem Licht, dem Blick anheimgibt; diese demiurgische Scheidung impliziert entwickeltes Denken: das Tableau ist intellektuell, es will etwas (moralisches, soziales) sagen, aber es sagt auch, daß es weiß, wie es dies sagen muß; es ist zugleich bedeutsam [significatif] und propädeutisch, impressiv und reflexiv, die Gefühle erregend und sich ihrer Wege bewußt."[66]

Die Idee des Tableaus reiht die visuelle Konzeption der Strandszene in eine kunsthistorische Bildtradition ein, in der das abendländische philosophische Denken seinen Eintritt in die Kulturgesellschaft über Bilder zelebrierte. Als Medium auf dem Weg Dinge zu erkennen, fand das Denken als Kunst des Sehens seine Entsprechung im Bild. Berühmtes Beispiel ist die vom Kunsthistoriker Erwin Panofsky in einen symbolischen Zusammenhang gebrachte Entdeckung der Zentralperspektive in der Renaissance mit der ungefähr zeitgleichen Modernisierung der Weltsicht. Das perspektivisch flache Bild der Ikonen wurde abgelöst von Bildern mit zunehmend weltlichen Sujets, die mittels mathematisch genauer Berechnung von Fluchtlinien die konkrete Welt in ihrer Dreidimensionali-

---

[66] Barthes, Roland (1974) „Diderot, Brecht, Eisenstein.", in: *Filmkritik 11/74*,S. 496-503, hier S. 497.

tät nachzuzeichnen vermochte. Nicht mehr nur religiöser Glaube oder der Kontakt zu Höherem, sondern mathematische Berechnung war die Grundlage der Bilderproduktion. Sie ermöglicht durch die souveränere Organisation des Bildraumes eine bewusste Ästhetik des Bildes. Auch die berechnende Konstruktion des zentralperspektivischen Bildes provozierte eine mathematische Betrachtung der wahrgenommenen Welt. Letztendlich gründet sich darin eine europäische Bildphilosophie vom Denken in Bildern, die als fester Bestandteil der Kulturgesellschaft angesehen wird, diese widerspiegelt oder verändern kann. Eine Politik der Ästhetik, die in der Nouvelle Vague wieder aktualisiert und radikalisiert wurde.[67]

Zwei Bildbereiche: Das Spiel mit der Sichtbarkeit

Eine auf mathematischen Gesetzen fußende Bildproduktion konzipiert das Bild im Voraus und bestimmt dessen Raum. Dieser Bildraum ist hier geometrisch-choreografisch – zu erkennen am Prinzip der Anordnung der Schauspieler in Relation zu den Bildrändern. In der Begegnungssequenz am Strand werden innerhalb und außerhalb der Einstellung liegende Bildbereiche qualitativ aufgeladen. Hier wird die ein- und ausgrenzende Wirkung des Bildrahmens explizit. Auf diese Weise und durch die oben bereits beschriebene Provokation von theatralen Auftritten der Figuren wird der Strand wortwörtlich zum ‚Spielort' abstrahiert, ist flach, helles Tageslicht herrscht überall und das Kamerabild ist einer Überbelichtung nahe. Es gibt keinen Winkel, keine dunkle Nische und keinen Schatten in den Bildern. Sichtbarsein ist alles. Das, was sich augenfällig durchsetzt, was sich im Bildfeld gegenüber dem (Kamera)Blick sichtbar halten und Raum für sich beanspruchen kann, wird – gerade durch die Verknüpfung mit einer sozialen Rolle – mit positivem Bedeutungsgewicht versehen.

[67] Ein solches Konzept arbeitet Hermann Kappelhoff in seinem letzten Buch aus. Siehe Kappelhoff 2008.

Jetzt wird auch das „Außerhalb des Bildes", das Deleuze im Zitat weiter oben meint, noch besser verständlich.[68] Das von der Kamera produzierte Bild betont in den Figurenensembles seine Rahmung und thematisiert zwei Bildbereiche: das On (Bereiche, die innerhalb des Bildfeldes liegen) und das Off (Bereiche, die ihm außerhalb sind). Das Bedeutungsgewicht einer Figur bezieht sich auf ein System, in dem Sichtbarkeit ein Wert ist, der Gewicht und Gültigkeit besitzt. Der Rand dieses Systems funktioniert wie eine (Seins-)Grenze. Das Off des Bildfeldes funktioniert dabei zunächst nur negativ als Nicht-Ort. Es wird als Feld existenzieller Bedeutungslosigkeit qualifiziert. Das Bild avanciert in seiner ein- und ausgrenzenden Funktion zu einer die Mise-en-Scène beherrschenden Instanz. Hier zeigt sich: Die Präsenz der Schauspieler und Figuren ist existenziell vom Blick der Kamera abhängig. Dieser teilt ihnen wiederum ihre spezifische Bedeutung zu. Das Bild wird hier als visuelles Ausdruckssystem beschrieben, das Hierarchien schafft, deren Ränge sich am Grad des Sichtbaren messen lassen.[69] Die Kamera figuriert zwar Blicke, verkleidet sich aber nie darin – wie z.B. in der Definition einer klassisch-subjektiven Einstellung. Ihre Perspektive begründet einen Blick, der ein zweites Off thematisiert. Es ist der Blick der Kamera selbst, der ein zweites Off besetzt, sich also selbst thematisiert. Durch die Verschiebungen der Darstellerkörper im Bildfeld wird die Relation zwischen On und Off dynamisiert: es sind eben nicht immer alle im Bild. Ein dynamisches, sich veränderbares Ensemble, dessen Teile um ihr Existenzrecht spielen.

[68] Deleuze 1998, S. 35. und der Abschnitt *Bildfeld* dieser Arbeit.

[69] Es sei nebenbei bemerkt, dass sich erst vor diesem Hintergrund die Kernszene verstehen lässt, in der Pierre durch das Fenster Henris die nackte Louisette und den Männerarm sieht. Pierre sieht nicht, um welchen Mann es sich handelt. Er hat alle visuellen Indizien für den Tatbestand sexueller Untreue. Das Bild aber, das sich ihm bietet, wahrt sein Geheimnis: die Identität des Mannes, dessen Arm zu sehen ist. Der Konflikt des Films bezieht sich auf ein Off, das nicht mehr kontrollierbar ist, weil es sich – und da ist Rohmer seinem Vorbild Hitchcock ganz nahe – auf ein nie real zu aktualisierendes Bild bezieht.
Vgl. Deleuze 1998, S. 34f

Auftritte und Inszenierungen

Körperinszenierungen

Nicht nur die rein visuelle An- oder Abwesenheit der Schauspieler im Bild erzeugt Anwesenheit. Das Spiel selbst erzeugt ebenfalls schauspielerische Präsenz, indem es Körperdarstellungen mit sozialen Rollen und ihrer Bedeutung innerhalb einer Gruppe verknüpft. Diese Darstellungen und Rollen werden an einem ästhetischen System gemessen, dem ein soziales System zugrunde liegt.

Die erste Strandssequenz beispielsweise beginnt mit der Einführung der Charaktere Marion und Pauline durch die Inszenierung ihrer unterschiedlichen Physiognomie. Sie wird in der darauf folgenden Begegnung mit Pierre auf dessen männlichen Blick hin etabliert. Aus dieser physiognomischen Differenz ergeben sich die Bedeutungslosigkeit Paulines und die überbetonte Wahrnehmung Marions.

Der Blick der Kamera gibt eine Perspektive vor, zu der sich die Dinge und Körper in Vorder- und Rückansichten zeigen. Für die Schauspieler schafft diese Tatsache mehrere Möglichkeiten, körperlich sichtbar zu sein: von hinten, von vorne und im Profil. Diese Ansichten zu exponieren, ist vor allem in PAULINE À LA PLAGE Teil der Mise-en-Scène, auf die sich die schauspielerische Aktion bezieht. Diese Formen des Spiels betonen den Körper der Darsteller als Ansichtsobjekt, das gedreht und gewendet werden kann. Sie können sich umgekehrt diesem Blick aber auch eigenständig anbieten. Eine solche Körperinszenierung wiederum macht es möglich, Darsteller und Spiel entweder zu verstecken oder auszustellen und dabei den Blick des Zuschauers zu lenken.

Das ist vor allem Thema der Begrüßungsszene zwischen Marion (Arielle Dombasle) und Pierre (Pascal Greggory), zu der Pauline (Amanda Langlet) hinzutritt. Figurenensemble hier: ein Trio. Dombasle löst sich aus Greggorys Umarmung, indem sie eine Geste nach links außerhalb des Bildfeldes hin macht, um Langlet in das Bildfeld hineinzuholen. Während die vorgestellt wird, steht Langlet nun in der Mitte zwischen Dombasle und Greggory, allerdings mit dem Rücken zur Kamera. Ihr Spiel beschränkt sich auf die reine körperliche Anwesenheit im Bildvordergrund. Es wird von Dombasles Spiel unter Betonung deren eigenen Körpers und überdeutlichen Gesten überboten: Betonung der weiblichen Brust durch den Bildausschnitt und schillernd-nassen Badeanzug, ihr Streichen durch die lange blonde Mähne, exaltiertes Reden, erotisch konnotierte Gesten und akzentuierte Änderungen der Körperhaltung. Eine Geste Dombasles weist für Sekunden auf Langlets Oberkörper: sie streicht dem Mädchen über Haare, Schulter und Arm. Greggorys kurzes „Bonjour", das von einem kurzen Blick über Langlets Körper begleitet wird, und seine erneute Zuwendung zu Dombasle unterbrechen diesen Fokus jedoch. Langlet geht über links außen hinter Dombasle herum und steht nun gegenüber ihrer ersten Position: sie steht wieder zwischen den beiden anderen, nun aber mit dem Gesicht zur Kamera. Jetzt steht sie in der Bildmitte, jedoch im Hintergrund. Sie trocknet sich ab und verdeckt mit dem Handtuch nahezu ihren ganzen Körper, während Dombasle lediglich ihren silbrig-nassen Badeanzug trägt.

Durch diesen Stellungswechsel gibt Langlet den Blick auf Dombasles Körper frei. Und zwar in dem Moment, in dem Greggory nach deren Wohlbefinden fragt. Dieser Stellungswechsel ist nicht nur eine Lenkung des Zuschauerblickes auf Dombasle. Er vollzieht gleichzeitig den Blick der Figur Pierre, der nur Augen für Marion bzw. deren Körper hat.

Dombasles/Marions Inszenierung geht noch einen Schritt weiter. Sie geht über den Bildvordergrund in die rechte Bildhälfte und wendet sich Greggory/Pierre zu. Sie steht nun in vollem Licht, ihr Körper jetzt ist noch besser zu sehen. Ihre Gesten haben nun noch mehr Raum. Greggory steht in der Mitte des Bildes vom Licht abgewandt, Dombasle anschauend. Er wiederum kehrt Langlet den Rücken zu, die nun in der linken Bildhälfte steht, etwas von Pierre verdeckt. Den Körper nach links gewandt wendet sie, ihrerseits in Richtung Meer schauend, beiden den Rücken zu. Der Blick fällt in der ganzen Szene vor allem auf das Spiel Dombasles und Greggorys. Obwohl Amanda Langlet nun frontal zur Kamera und in der Bildmitte steht, bleibt sie nahezu unsichtbar.

Hier findet ein direkter Vergleich der Körperlichkeit Paulines und Marions vor Pierres Augen (und dem Kamerablick) statt. Anordnung und Seitenwechsel der Darstellerinnen erzählen von den Interessen und Bemühungen der

Figuren: Marions Bemühen, durch ihr ausgestellt weibliches Aussehen und Verhalten Aufmerksamkeit zu erlangen; Pierre, der nur Augen für Marion hat; Pauline, die nicht über die Weiblichkeit Marions verfügt und sich mit dem Seitenwechsel vergeblich ins Spiel zu bringen versucht.

Die Inszenierung der Körper der Schauspielerinnen begründet das Spiel der Figuren um Aufmerksamkeit. Sie prägt nicht nur wesentlich das Bild der Charaktere. Überdies macht die Mise-en-Scène deren Verhältnis für die Zuschauer visuell erfahrbar, indem sie den Zuschauerblick durch die bewegliche Anordnung der Darstellerinnen, die szenische Choreografie und die Verteilung des Lichts lenkt. Als meine er seinen eigenen Film, schreibt Rohmer über Murnaus FAUST:

> „Diese Anordnung steigert die Lesbarkeit des Bildes, sie gestattet einen maximalen Gebrauch der Leinwandfläche. Zugleich ist sie die Quelle der dramatischen Spannung."[70]

Nur dass das Drama hier ironisch eingefärbt wird. Die Choreografien sind wie Zeilen eines Textkörpers, denen das Auge des Zuschauers der Organisation gemäß folgt. Sie lenken seine Bewegung und seinen Fokus. Das Bildfeld wird zu einem Spielfeld für einen choreografisch organisierten Blick des Zuschauers, der sich außerhalb der Szene befindet.[71] Die Kamera hat die deutliche Rolle einer zeigenden Instanz und betont damit Körperpositionen, Gesten, Blicke und Bewegungen der Darstellerinnen bzw. Charaktere als schauspielerische Akte. Das filmische Bild thematisiert die Funktionsweise seiner Eigenschaften als Blick, der sich von der visuellen Attraktion leiten lässt, in dieser Oberflächlichkeit jedoch ironische Distanz zum „Drama" im Kampf um Sichtbarkeit hält.

---

[70] Rohmer 1980, S. 29.

[71] L'AMI DE MON AMIE erzählt seine Geschichte auch in visuellen Spannungsverhältnissen, die als mechanische Figuren-Anordnungen in einem abstrakten Raum beschrieben werden. In diesem Spannungsraum korreliert nach Uta Felten die „gezielte Artifizialität und Mechanik der filmischen Handlung mit der Programmierbarkeit der *Inconstatia* der Paare, der Mechanik des Partnerwechsels [...]."
Felten 2004, S. 17.

Physiognomie und soziale Gruppe

Diese Art der Inszenierung der Schauspieler lässt sich auch in der Mise-en-Scène ihrer Physiognomie beobachten. Besonders deutlich zeigt dies die bereist erwähnte Szene des Quintetts. Der ausgestellt weibliche Körper Dombasles/Marions und der zwischen mädchenhafter und fraulicher Gestalt noch unentschlossene Körper Langlets/Paulines wurden bereits in ihrer Differenz eingeführt. Greggorys/Pierres sportlicher junger Körper erhält mit dem Auftritt Atkins/Henris einen ‚Konkurrenten'. Dieser ist älter, betont lässig, mit kontrolliert männlichen Gesten, die Bewegungen sind zentriert, der Körper steht entlang seiner aufrechten Achse. Es ist die verkörperte Darstellung der typischen Vorstellung von einem Mann, der Erfahrung hat, der in sich ruht und weiß, was er will, eine Schulter zum Anlehnen aber auch Aufregung und sexuelle Erfüllung bietet. Das kleine Mädchen betont seine potente Männlichkeit als Vater. Gleichzeitig ist das Mädchen eine neue Vergleichsfigur für Pauline/Langlet. Es führt eine neue Differenz ein, die Pauline/Langlet zwischen Kindlichkeit und Weiblichkeit stehend definiert.

Wie bei den anderen Darstellern auch, wird hier die aussagemächtige Eigenschaft der Physiognomie betont. Die Darsteller sind bewusst mit dem Typ besetzt. Außerdem verdoppeln die Schauspieler mit den Dialogsätzen das, was sie körperlich darstellen. In einer anderen Szene wird diese Darstellung im Dekor noch einmal dupliziert und überspitzt. So verbalisiert Henri im Dialog vor dem Kamin genau das, was er zuvor am Strand darstellte: ein liebender Vater, freiheitsliebender Mann und ein feuriger Liebhaber mit Erfahrung. Die Körper der Schauspieler sind gleichzeitig Mittel der Darstellung und Instrumente ihrer Selbstinszenierung.

Das Spiel mit Physiognomie grundiert das Bild des Quintetts als soziale Gruppe. Die soziale Realität dieser Szene gründet auf dem Lebensalter und dem Aussehen der Darsteller und den Mechanismen ihrer Wechselwirkung und gegenseitigen Anziehungskraft. Die ausgestellte Altersdifferenz stellt die Frage nach dem Wer-sieht-wen als konventionelle Generationenfrage: Marion sieht Henri und nicht Pierre; Pierre und Henri sehen Marion, aber nicht Pauline. Das kleine Mädchen fällt als Begehrensobjekt aus. Wer wen sieht ist auch eine Frage der Konvention von Männlich- und Weiblichkeit. Es zeigt sich, dass sich der begehrende Blick entlang der Alterslinie bewegt und den (Seh-)Konventionen entspricht, innerhalb derer die Schauspieler hier erscheinen.

Die Physiognomie der Darsteller wird Teil des Spiels und Teil des Ausdrucksmaterials der Schauspieler vor der Kamera. Das Schau-Spiel ist hier ein Zur-Schau-Stellen der physiognomischen Grundlagen der Darsteller. Diese Grundlagen werden als Dispositionen der Figuren regelrecht ausgestellt.

Der frühe Filmtheoretiker Béla Balász beschreibt die Physiognomie der Schauspieler als das Ausdrucksmaterial, welches im Film zum Ausdruck selbst werde.[72] Analog dazu werden die Schauspieler in PAULINE À LA PLAGE durch die Mise-en-Scène ihrer Physiognomie in ihrem Verhältnis zum dargestellten Charakter inszeniert. Dabei erscheinen sie gerade in ihrer Physiognomie als dem Charakter vorgängige Ausdrucksträger, deren Ausdruckspotenzial sich zu diesem Charakter formiert.[73] Das ausdrückliche Ausstellen dieser Tatsache aber gestaltet dieses physiognomisch-typische Verhältnis zu einer visuell rein oberflächlichen Beziehung.[74] Die oberflächliche Erscheinung wird bereits als Inhalt eines Ausdrucks inszeniert, der zu einer visuellen Aussage über die Figur wird.

Die Schauspieler leihen also den Figuren, die sie spielen, ihre Körper und ihre Physiognomie. Dieses Leihen ist bereits Teil des oberflächlich erscheinenden Schauspielaktes. Diese Inszenierung der Schauspieler vor der Kamera schafft zunächst den Eindruck von einheitlichen, aber oberflächlichen Figuren, die aus einer visuell oberflächlichen Integrität der Schauspieler hervorgehen.

---

[72] Balázs, Béla (2001) *Der sichtbare Mensch oder die Kultur des Films.* [1924] Frankfurt/M.: Suhrkamp. Hermann Kappelhoff macht auf Balázs Bewusstsein für die Artifizialität des Ausdrucks aufmerksam. Siehe
Kappelhoff, Hermann (2004) *Matrix der Gefühle.* Berlin: Vorwerk 8, S. 154f.
Es gibt einen weiteren Text Kappelhoffs aus dem Jahr 2004, der in *nachdemfilm.de* erschienen ist. Sofern dieser Zusatz nicht gegeben ist, bezieht sich die Abkürzung ‚Kappelhoff, 2004' immer auf *Matrix der Gefühle.*

[73] Die Betonung liegt hier auf der Inszenierung, da dieser Eindruck erst aus der Mise-en-scène und dem Spiel selbst entspringt. Der Eindruck der Vorgängigkeit ist also auch erst ein Resultat des kinematografischen Eindrucks, den die Schauspieler hier hinterlassen.

[74] Ich meine oberflächlich wörtlich und nicht im wertenden Sinne.

Künstlichkeit vs. Natürlichkeit

Aber nicht nur Körperinszenierung und Physiognomie sind entscheidend für die Präsenz der Schauspieler. Es ist ihr Spiel selbst. Die Unterscheidung eines künstlichen und natürlichen Eindrucks der Charaktere begründet sich in der Art, wie Gesten und Sätze ausgeführt werden, wie sie sich zum Blick der Kamera verhalten und nicht in der Natur der Darsteller selbst. Wie die Gesten und Körperchoreografien zu typischen Äußerungen eines Charakters werden, lässt sich besonders gut an der Inszenierung der Künstlichkeit Marions (Arielle Dombasle) und der Natürlichkeit Paulines (Amanda Langlet) beschreiben.

Dombasles Spiel legt durch den überdeterminierten Ausdruck den Fokus auf das Primat der Sichtbarkeit – und zwar ausschließlich. Sie spricht sehr deutlich, fasst sich beständig selbst an den Körper als Zeichen eines fehlenden, aber bereits anvisierten Gegenübers: hier das ‚Objekt' Mann. Gesten werden als bedeutungsvolle Gesten inszeniert, als eindeutige Gesten, die der Inszenierung der Weiblichkeit Marions Rechnung tragen. Alles sitzt, es gibt keine zufälligen oder ‚sinnlosen' Gesten. Kaum taucht das erste männliche ‚Objekt' (Pascal Greggory) auf, werden diese Hinweise noch deutlicher, noch rhetorischer und durch das Stellungsspiel, das sie am Ende in vollem Licht erscheinen lässt, unterstrichen.

Dombasle spricht in einer überspitzten, übermodulierten Stimmlage. Ihre Sprache, ihre Gesten und ihr Stellungsspiel vor der Kamera inszenieren den Schauspielakt als auf die sehende Instanz hin ausgeführte Ausdrucksakte. Sie beziehen sich eindeutig auf einen Blick, für den sie bestimmt sind. Dieser Blick eines Anderen wird zur Hypothese, von der das Spiel ausgeht und die dessen Wirkung determiniert – für die Zuschauer ist dieser Blick mit dem der Kamera, dem einer anderen Figur oder mit ihnen selbst als Zuschauer identifizierbar.

In der Überdeterminiertheit wird ein Spiel bezeichnet, das sich selbst zum Ereignis macht. Es lenkt den Blick auf das Gewicht der Sichtbarkeit dieses Darstellens. Das Spiel Dombasles ist ein explizites Zeigen. Die Schauspielerin erscheint hier als Ausführende von bewusst und berechnet erscheinenden Gesten. Die Referenz dieser Gesten liegt nicht in tieferen Bedeutungsschichten, sondern genau auf der charakterisierenden Oberfläche der Erscheinung. Das Spiel wird zu einer Außensicht auf die Figur und richtet sich ausdrücklich an eine Blickinstanz. Daraus entsteht der Eindruck des Künstlichen der Figur Marion.

In diesem System der Sichtbarkeit orientiert sich Amanda Langlets Darstellung an einem mit Natürlichkeit und Gleichgültigkeit konnotierten Spiel gegenüber der externen Blickinstanz. Langlets Pauline hat weder etwas zu verbergen noch den Zwang zur Selbstbekenntnis. Ihr klein gehaltener gestischer Ausdruck markiert neben Dombasles raumgreifenden Gesten das ‚natürliche' Spiel. Langlets Sprachduktus ist gleichmäßig und zurückhaltend, sofern sie überhaupt etwas sagt, ihre Gesten funktional. Das Abtrocknen setzt nicht ihren Körper in Szene, sondern verhüllt ihn vielmehr. Die kurzen Momente seines Aufblitzens sind unmerklich, treten hinter den erotisch konnotierten Körperchoreografien Dombasles zurück. Amanda Langlet beschränkt sich auf eine reine Anwesenheit im Bild. Gerade weil sie diesen Bezug zu Verhalten und Sprache anders ausführt, wird ihr Spiel im Vergleich zu dem Dombasles als natürlicher wahrgenommen. Wenn sie verdeckt wird, bleibt sie verdeckt, ihre Positionen bewegen sich tendenziell vom Bildvorder- in den Bildhintergrund.

Im Gegensatz zu Dombasle drängt sich Langlet nicht in den Bereich des Kamerablicks. Ihre Gesten sind minimal, erscheinen zufällig und bleiben funktional. Während im Spiel Dombasles das Abtrocknen nach dem Baden zu einem Schleiertanz und einer Körperinszenierung wird, bleibt es bei Langlet einfach beim Abtrocknen. Auch sie bezieht sich auf die Kamera, aber dieser Bezug wird gerade durch die fehlende Beherrschung der Regeln von Verführung und Überzeugung, die sich an einem externen Blick ausrichtet, in seiner Unbestimmbarkeit gegenüber dieser Blickinstanz inszeniert.

Das Spiel begründet hier noch vor physiognomischen Aspekten die Typik der jeweils dargestellten Figur. Die Gesten werden so zu typisierenden Schauspielakten. Über den Umweg des externen Blicks und der Außenschau begründen sie eine Psychologie der Oberfläche.

Die aus den Produktionstheorien über Schauspieler entwickelten Begriffe des ‚Overplaying' und ‚Underplaying' dienen im Allgemeinen einer funktionalen Unterscheidung von Theater oder Kino. Sie können im Falle der besprochenen Szene so nicht angewendet werden. Als Darstellungsmodus zeigen sich Over- und Underplaying in unterschiedlichen sozial-typischen (Selbst-) Darstellungsgesten. Beide Modi bezeichnen darin Ausdrucksmöglichkeiten, die gleichermaßen filmisch sind. So wird die gemeinhin am Spiel festgemachte Illusion des rein Theaterhaften und genuin Filmischen hinfällig.[75] Auch Fred van der Kooijs Beurteilung der bedeutenden funktionalen und insignifikanten funktionslosen Geste wird schwierig, da rein funktionale Gesten in diesem Beispiel zu Bedeutungsträgern werden können.[76] Das Gestenumfeld und damit eingeführte Darstellungskonventionen machen Unterscheidungen dieser Art erst möglich.

Nicht die Form des verbalen oder gestischen Spiels, sondern dessen Bezug zur filmischen Instanz der Kamera und zur Mise-en-Scène bezeichnet den Unterschied zum Theater. Hier verwirklicht sich der Begriff des ‚cinéma impur' von Bazin. Indem er die Dispositive Theater und Kino miteinander zu vereinbaren sucht, führt Bazin einen neuen Begriff der Präsenz von Schauspielern ein. Präsenz bedeutet dabei nicht mehr nur ‚Anwesenheit in Fleisch und Blut', sondern entsteht nach Bazin aus den ontologischen Eigenschaften des Kinos. Bazin bricht damit mit der traditionellen Hierarchie zwischen Theater und Kino, die sich gegenseitig bestätigen, aber auch transformieren können.[77]

Kristallisationen des Stereotypischen

Die Betonung und Ausschließlichkeit des Spiels abonniert das Gesteninventar in PAULINE À LA PLAGE für die jeweils entsprechenden Schauspieler. Nicht nur der externe Blick, sondern auch das Spiel der Schauspieler selbst hebt die Wichtigkeit der äußeren Erscheinung hervor. Durch die Betonung von Körper und Physiognomie als ‚natürliche' Gegebenheiten der Darsteller sind es nicht nur die Figuren, sondern vor allem die Schauspieler, die als Typen er-

[75] Vgl. Kooij, Fred van der / Messerli, Alfred (1992) „Ein Gespräch über Theorie und Praxis der Schauspielkunst im Film.", in: *Filmschauspielerei.* [Cinema 38] hrsg. von Messerli, Alfred / Osolin, Janis. Basel / Frankfurt/M.: Stroemfeld, Roter Stern, S. 30-56, hier S. 37ff. auch Bazin 1975 S. 86ff.
[76] Vgl. van der Kooij / Messerli 1992, S. 55.
[77] Vgl. Bazin 1975, S. 86ff.

scheinen. In der engen Verbindung mit der Rollenfigur im Spiel wird diese Typik mit einer sozialen Rolle innerhalb einer Gruppe gekoppelt.

Vor allem im Bild des Quintetts kristallisiert sich auf diese Weise eine stereotype Figuration der Charaktere als grundlegendes Moment für die Entstehung einer sozialen Gruppe heraus. Es sind fünf Altersgruppen vertreten. Das oben beschriebene typisierende Gestenspiel und die Haltungen der Charaktere zueinander macht auch den gesprochenen Dialog formal zu einer sprachlichen Konvention, weil es dessen Inhalt mit der eigentlichen Haltung der Beteiligten konterkariert: man stellt sich vor, führt Small Talk und es wird ein gemeinsames Abendessen vorgeschlagen (obwohl bereits deutlich ist, dass die beiden Männern jeweils mit Marion allein sein wollen). Eine Szene später wird die gestische Selbstinszenierung auf der Ebene des verbalen Dialogs und der Ausstattung ausdrücklicher konventionalisiert. Durch ihre Position im Raum oder ihre Körperhaltung verdoppelt sich die Selbstaussage der Figuren. Darin erscheint sie überdeutlich als doppelte Inszenierung: als Selbstinszenierung und gleichzeitig als filmische Inszenierung).

Mit dem Dialog wird die typisierte Physiognomie zusätzlich umschrieben und zum Zwecke der Verführung ausgespielt. Hier einige Beispiele.

Henri: Atkine/Henri sitzt lässig in seinem Stuhl, das eine Bein aufgestellt, neben ihm ein Schreibtisch, darauf eine brennende Lampe; hinter ihm sitzt Pauline, vertieft in ein Buch. Hier nun Henris Selbstaussagen:

> „*... je suis un nomade, libre d'aller où je veux, quand je veux, sans avoir de compte à rendre à personne.*" und:
> „*J'aimerais qu'elle* [die potenzielle Frau an seiner Seite] *fut aussi libre que moi, aussi mobile, aussi légère, aussi transportable, sans bagage, au physique comme au moral.*"

Marion: sie trägt ein bunt gestreiftes Kleid, der Hintergrund (ein dunkles Fenster, ein Vorhang, Heizung, Wand) beschreibt weniger einen Raum als einen abstrakten Hintergrund und lenkt den Blick ganz auf Marion in ihrer Konzentration auf Henri. Verführerisch isst sie einen Apfel – eine ironische Anspielung die Darstellung der sündigen Eva. Ihre Idee von Liebe:

„[...] Mais je ne prendrais plus pour de l'amour ce qui n'en est pas. L'amour est une chose brûlante. Je veux brûler d'amour." Dabei sitzt sie gegenüber des Kamins, in dem ein Feuer lodert.

„Il y a peut-être même des hommes qui se sont suicidés pour moi. J'espère que non. Mais, s'il ont fait, je n'en au rien su. Aussi étrange que cela paraisse, une chose ne m'est jamais arrivée: allumer en même temps l'amour en moi et dans un autre être. Un amour instantané et réciproque. Mais je ne désespère pas. Je suis sûre qu'un jour l'étincelle jaillira. [...]"

Pierre: Pierre sitzt in einer Ecke unter einer dunkelbraunen Holztreppe, von der er fast erdrückt zu werden scheint; sein Kopf ist geneigt, als laste ihm ein Gewicht im Nacken, er stiert in Marions Richtung, hinter ihm der schwere Schatten der Treppe. Mit seiner emotionalen und persönlichen Tiefe grenzt er sich von den anderen ab, äußert sich nur spärlich.

„...l'amour, comme la vie, est dans le temps."

Zu Henri, der fragt, in welcher Zeit die Liebe dann zu finden sei:

„Tu ne me connait pas." und er warte, so wie Marion, auf die Liebe.

„Je dirais plutôt un amour profond et durable."[78]

Henri und Marion spielen ihre Weiblich- und Männlichkeit und die jeweilige Attraktion für das andere Geschlecht aus. Pierre windet sich unter zunehmender Eifersucht und Unmut. Seine Gesten scheinen weniger ein typisierendes soziales Rollenspiel zu markieren als ein individualisierendes psychologisches Spiel, dessen Referenz die sichtbar gemachte Empfindungstiefe der Figur ist.[79] Aber auch dieses Gesten- und Minenspiel funktioniert als rhetorische Figur, da die Empfindungstiefe zur Konvention des sensiblen und wahrhaftig Liebenden, ja Leidenden, gehört. Sie ist eine formale Ausdrucksdimension – sowohl auf der Ebene des Darstellers als auch auf der Ebene der Figur. Sie ist eine äußere, fast

---

[78] Die Dialoge sind nachzulesen in
Rohmer, Eric (1999) *Comédies et proverbes*, Vol.1, Paris: Cahiers du Cinéma, S. 133-139.

[79] Vgl. Kappelhoff, Hermann (1999) „Gestische Emblematik. Fassbinders Katzelmacher und Brechts sozialer Gestus", in: *Schauspielen und Montage. Schauspielkunst im Film.* Zweites Symposion 1998, hrsg. von Knut Hickethier (1999), St. Augustin: Gardez! Verlag, S. 193-221, hier S. 194.

schon oberflächliche Realisierung der typischen Vorstellung eines ‚wahrhaft' Liebenden.

In dieser Liebessemantik sind die Dialogsätze und Darstellungsakte Redefiguren oder gestisch-mimische Ausdrucksfiguren von Sehnsucht, Verlangen, Eifersucht, Liebe und Begehren. Einerseits werden sie als repräsentative Konvention sichtbar und andererseits in dieser Konventionalität als individueller Ausdruck einer Person funktionalisiert. Das Ausdrucksmaterial dieser Inszenierungen gehört einem typisch-normierten Allgemeingut der populären Liebeskommunikation und den sozialen Regeln des Begehrensspiels. Wer in dieser Kommunikation zählt, und wer nicht, hängt vor allem von der physischen Eindeutigkeit seiner Präsenz, von der Vollkommenheit der Inszenierung ab. Die wahre Liebe gibt es nicht, höchstens als Vorstellung. Es geht vor allem um die Formulierung des (sexuellen) Begehrens, das mit Ideen der Liebe ideologisch ausgestopft wird.

Deswegen verliert Pierre auch bereits am Strand den Blick Marions an Henri: während Pierres Verführung lediglich auf seiner Idee von Liebe basiert, die er Marion regelrecht aufdrängt, kann er nur einen negativ konnotierten Auftritt hinlegen. Innerhalb des oben beschriebenen visuellen Bildsystems und seinem herrschenden Gesetz positiv besetzter Sichtbarkeit wird dieser Auftritt durch eine Physis visualisiert, die sich auf die angestrebte Aufmerksamkeit negativ auswirkt. Diese Idee von Liebe kann Pierre nicht verkörpern. Henri dagegen scheint kongruent mit seiner Natur, d.h. mit der Annahme, er sei von Natur aus ein Don Juan. Er ist darin vollkommen präsent. Gewinn zieht er aus dem Angebot seiner Erscheinung. Darin vereint er Stärke mit Klarheit und verschafft seiner Präsenz Gewicht, während Pierre am Rande des Verschwindens laviert.[80] Hier wird die systemische Wirkung des Bildes inhaltlich ausgetragen. Verführung ist körperlich, und wenn der Körper nicht überzeugt, dann entsteht auch kein Begehren. Eigentlich aber ist hier nicht die Begehrlichkeit Henris dargestellt, sondern sein Begehren bezüglich Marions. Begehren bedeutet hier auch, begehrt werden zu wollen.

[80] Vgl. Serceau 2000, S. 121.

Nur innerhalb des vom (Kamera)Blick etablierten Bildfeldes seien Liebe und Begehren präsent, schreibt François Ramasse, und fügt hinzu: „la distance crée l'attirance."[81] Der Blick, auf den hin alles inszeniert ist – sei es der der Kamera, der einer fiktiven Figur oder der Zuschauerblick – schafft ein eigenes System, innerhalb dessen Begriffe und Wertungen überhaupt erst funktionieren. Wertvorstellungen sind also nicht a priori da. Sie gestalten sich entlang der Beschaffenheit des visuellen Systems, in dem sie sichtbar werden.

Das Schauspieler- und Figurenensemble erzeugt seine Spannungen und Beziehungen nicht nur aus den Wirrungen der sich entspinnenden Intrige, sondern auch aus den ausgespielten physiognomischen Differenzen. Die Form des Zusammenspiels und der gegenseitigen Bezugnahme der Schauspieler vor einer Blickinstanz ist das gemeinschaftsbildende Moment der Gruppe. Soziale Gruppenbildung gründet sich hier vor allem auf äußerlichem Erscheinen, das an Verhaltenskonventionen gekoppelt ist, und wird so als herausgehobener ästhetischer Prozess gezeigt. Die Schauspieler tragen das Stereotype als sichtbare physiognomische Oberfläche an sich. Ihr Spiel ist das Acting Out dieser Oberfläche. Die Stereotypisierung blockt eine totale Verkörperung ab. Dazu meint Michel Serceau:

> „Les héros cinématographiques dont l'attitude renvoie d'une manière ou de l'autre à Don Juan entretiennent le mythe qu'ils représentent plus qu'ils ne l'incarne. Ils sont souvent, même, des stéréotypes. Si Rohmer se révèle, dans ses *Comédies et Proverbes* et au moins dans deux de ses *Contes des quatre saisons* (*Conte d'hiver* et *Conte d'automne*), soucieux de représente un type qui peut être celui du séducteur, c'est surtout parce qu'il représente un type physique, propre à faciliter et renforcer l'identification, apte à révéler le culte de l'archétype entretenu – quoi qu'elles en disent – par certaines de ces héroïnes."[82]

Anstatt der Verkörperung dient das Spiel dem Verstärken und Aufrechterhalten eines Mythos (z.B. des Don Juan). Dieser Mythos wird in rein physischen Ausdrucksmöglichkeiten visualisiert und so zum Stereotyp. Der Schauspielakt ist dann eine um sich selbst kreisende, doppelte Verkörperung durch die Darsteller.

[81] Ramasse, François (1985) „L'espace des sens", in: *Eric Rohmer 1*, hrsg. von Michel Estève. Paris: Minard, S. 51-62, hier S. 57.
[82] Serceau 2000, S. 122.

Verdoppelt wird dieses egozentrische Kreisen im Verhältnis von Dialog und Darstellung, die sich in ihrer Aussage gegenseitig wiederholen.

Im Grunde hat das Stereotyp keinen Vorläufer, kein Vorbild, sondern offenbart sich während einer schauspielerischen Erfindung der Darsteller.[83] Die Identität der Figur resultiert dabei aus der doppelten Identität der Schauspieler; und die Präsenz der Schauspieler resultiert aus der stereotypen Figurenkonzeption in ihrem Spiel. Diese Art des Spiels und der Inszenierung zeigt die künstlichen Grundlagen von Affektion: Attraktiv sein für andere oder jemanden attraktiv zu finden offenbart sich hier in den Mechanismen des Spiels, der Inszenierung und den optischen Reizen. Kommunikationssituationen sind immer gemacht und Verhalten ist eine fast schon theatrale Form des Alltags.

Schau-Spieler und stereotypisiertes Selbst

Soziale Stereotypien

In der Inszenierung der Schauspieler wird sichtbar, dass Spiel, Physiognomie und Kameraposition als formale Referenzsysteme für das Dispositiv ‚Schauspieler' verstanden werden können. Dabei unterliegt es gesellschaftlichen Konventionen und normativen Wahrnehmungsmustern. Unter Einsatz solcher Konventionen werden Figuren als Typen von oberflächlicher Signifikanz geschaffen.

In dieser Dimension inszenieren Spiel und Erscheinen der Darsteller vor der Kamera die Schauspieler als Verkörperungen eines bestimmten sozialen

[83] Der Begriff des Stereotyps ist hier von dem des Klischees zu unterscheiden, das ein Bild bezeichnet, was bereits existiert. Daher widerspreche ich an dieser Stelle Uta Felten, die im Zusammenhang mit den Figuren von „Klischeemassierung" spricht, die sie strukturell auf Flaubertsche *idées reçus* zurückführt. Diese *idées reçus* funktionieren als Mosaiksteine, aus denen sich eine Figur ihr Weltbild zusammen-imaginiert. Felten spricht hier aber von den Figuren als ideologische Entitäten, die außerhalb der kinematografischen Darstellung erscheinen und ohne diesen ‚Umweg' einen direkten, ideologischen Effekt auf den Zuschauer haben. In dieser Sicht sind die Stereotypen literarischer Art, die auf ein Bild außerhalb der aktuellen Repräsentation verweisen. Konzentriert man sich aber auf das Spiel, werden sie erst im Moment der Inszenierung entworfen. Dies widerspricht nicht der Tatsache, dass sie bereits schon erfunden worden sind. Siehe
Felten 2004, S. 199.

Menschenbildes ihrer Zeit, indem diese sich in ihrem Spiel selbst zum Objekt werden. Richard Blank behauptet, dieser Vorgang sei das Apriori von Schauspielern an sich.[84] Er geht dabei aber von einem extradiegetischen Selbst aus. Gemeint ist dort die personale Identität der Darsteller außerhalb des Films. In PAULINE À LA PLAGE zeigt sich hingegen, dass diese von Blank grundlegend behauptete Disposition des Selbst nicht a priori besteht. Sie ist eine Konsequenz von Inszenierung und das Resultat eines Blickes. Das so gemachte Selbst wird in diesem Blick als Apriori überhaupt erst inszeniert und für die Spannungserzeugung zwischen Figur und Schauspieler funktionalisiert. Das stereotypisierte Selbst der Schauspieler wird zur verbalen und nonverbalen Kommunikationsgrundlage eines sozialtypischen Ensembles.

Jacqueline Nacache zeigt, dass der Eindruck dieses Selbst aus einem Resultat der Inszenierung stammt: das Naturell der Schauspieler, das in Physiognomie, Gestik etc. stereotypisiert wird.[85] Sie beschreibt das stereotype Naturell nicht als Klischee. Vielmehr nutzt sie den sonst starren Begriff des Stereotyps produktiv und bezeichnet es als eine Möglichkeit der Ausdrucksweise. Nacache stellt damit Typik als Sichtbarwerden schauspielerischer Präsenz dar, die sich in einer bestimmten Zeit und unter bestimmten Normvorstellungen formiert. Diese Typik wird im Stereotyp signifikant und ist auch immer kulturell geprägt. Die Entstehung des Stereotyps durch bestimmte Äußerungsmodi geschieht also innerhalb einer kulturellen Geschichte, einer Kultursprache:

> „Dans le film, le stéréotype n'est pas négatif, mais constitutif d'un langage; utilisé par l'acteur, même avec excès, il ne fait pas vieillir le jeu d'acteur mais le dénude et le déréalise. Le naturel, lui, ne peut se protéger du vieillissement, car il dépend étroitement du culturel, renvoyant à des conceptions du corps, de l'expression et du geste qui évoluent. Ce qui fut un jour naturel ne l'est plus *hic et nunc*; souvent, dans un film venu d'une culture ou d'une époque éloignée, le film de fiction se fait malgré lui documentaire sur un jeu soudain frappé d'exotisme."[86]

---

[84] Vgl. Blank, Richard (2001) *Schauspielkunst in Theater und Film. Strasberg, Brecht, Stanislawski*. Berlin: Alexander-Verlag, S. 9.

[85] Vgl. Nacache 2005, S. 56.

[86] Ebd.

Die Autorin spricht davon, wie das Natürliche von Schauspielern im Film stereotypisiert werde. In Anlehnung an Edgar Morin ziele diese Stereotypisierung auf die ‚wahre' Personalität

Der Eindruck von Individualität ist hier Resultat der Stereotypisierung und das Resultat einer gesellschaftlichen Konvention. Gestisches Verhalten und Physiognomie sind hier ihr Mechanismus und ihre Ausdrucksformen.[87] Die Filmfigur entsteht dann im Spannungsfeld ihrer Verknüpfung mit dem Schauspieler oder der Schauspielerin.

Bürgerliche Individualität

Fruchtbar für die meisten der Filme Eric Rohmers ist die Auseinandersetzung mit der sozialen Einordnung der Charaktere in ein bürgerliches Umfeld. Meist stammen sie aus der mittleren oder gehobenen Mittelschicht, haben keine finanziellen Probleme; es geht nicht darum sich durchzuschlagen, sondern um den Luxus, sich ganz auf Liebes- und Lebensentwürfe zu konzentrieren. Dass sich diese bürgerliche Identität auch in der schauspielerischen Inszenierung gründet, zeigt Rohmers Kunst der Schauspielführung. Denn in ihr wird nicht nur eine aktuelle Referenz zwischen Figur und Schauspieler eingeführt, sondern auch die historische Tradition dieser Beziehung verhandelt.

Die Ausführungen Hermann Kappelhoffs in seiner Arbeit über Fassbinders Film KATZELMACHER machen deutlich, dass das bürgerliche Schauspiel eine neue Referenzialität zwischen Darsteller und Figur einführt. Traditionell ist das gestisch-mimische Spiel auf die Tiefe des Charakters hin angelegt. Dieses Spiel individualisiert nach Kappelhoff Ausdrucksbewegungen auf eine subjektive Figur hin.[88] In seiner Sicht stellt das bürgerliche Schauspiel des 19. Jahrhun-

---

der Schauspieler, die in der Ähnlichkeit von Bild- und Personenvorstellung als *persona* auftaucht. Siehe dazu auch

Baudry, Jean-Louis (1967) „Person, Personne, Persona.“, in: *Filmkritik, 11/67*, S. 607-610.

[87] Die Inszenierung Paulines macht dies am deutlichsten, da Pauline/Langlet die Mechanismen, d.h. Gesten und formalen Regeln, der Liebesspiele nicht in ihr Spiel integriert und als nicht verinnerlicht erscheinen lässt. Das erklärt ihre relative ‚Unsichtbarkeit' in der ersten Hälfte des Films. Ihre Initiation, die sie in den Kreis des konventionalisierten Liebesspiels befördert, geht mit dem Interesse des jungen Mannes Sylvain einher.

[88] Vgl. Kappelhoff 1999, S. 200f.

derts ein Referenzsystem für die allgemeine Idee vom bürgerlichen Subjekt bereit. Er schreibt:

> „In diesem Sinne ist individualisierende Stilisierung des Handelns und Tuns nicht nur Teil einer neuen Art des Schauspiels, sondern aktive Zuschreibung der Subjektmächtigkeit an das bürgerliche Individuum.“[89]

Kappelhoff zeigt, wie sich aus dieser hinweisenden Kraft des gestisch-mimischen Spiels die kulturell-bürgerlich codierte Ausdrucksform ‚Schauspieler' entwickelt.

In dieser Sichtweise muten die Darsteller von PAULINE À LA PLAGE in der Verknüpfung von Körper/Physiognomie mit sozialen Bedeutungen und Funktionen wie mimetische Verkörperungen der Figuren an, die sich in der Tradition des bürgerlichen Mimus bewegen. Diese Tradition stelle laut Kappelhoff eine mimetische Beziehung zwischen Figur und Darsteller her.[90] In PAULINE À LA PLAGE scheint jedoch lediglich die mimisch-gestische mit der physiognomischen Ausdrucksdimension der Schauspieler erweitert zu werden und nicht mit einer psychologischen Innenschau. Hier wird ja gerade die Oberflächlichkeit der Ausdrucksform betont, weil die Gesten eben nicht auf Individualität, sondern auf Typik zulaufen. Und weil sich hinter dem individuell-subjektiven Anteil der Figur nicht mehr ein individuelles Subjekt, sondern das konventionalisierte Stereotyp verbirgt. Die Instrumentalisierung der Physiognomie wird verdoppelt, weil sie nicht nur auf die Rollenfigur, sondern gleichzeitig auf die Schauspieler selbst referiert.

Gerade das Stereotype der Figuren erscheint in PAULINE À LA PLAGE als das Individuelle der Schauspieler. Die an sich in Bewegung und Veränderung begriffenen Schauspieler erscheinen auf diese Weise in einem Modus der Unveränderbarkeit, die das Stereotyp mit sich bringt. Die so genannte Subjektmächtigkeit, aus der heraus individuelles, bürgerliches Handeln entsteht, erweist sich als marionettenhaft ausgeführtes Handeln eines Subjektes, dessen Individualität im Stereotypen aufgeht. Das Schauspiel in PAULINE À LA PLAGE ist lediglich zu einer Referenz für bürgerliche Individualität geworden, die während des

[89] Kappelhoff 1999, S. 200.
[90] Vgl. Kappelhoff 1999, S. 196.

tatsächlichen Schauspielaktes vor der Kamera an ihrer Oberflächlichkeit zu scheitern droht (sie tut es nicht). Darin zeigt sich die moralische Dimension dieser Rohmer'schen Inszenierung: denn Selbstinszenierung hat auch immer den Verlust von Innerlichkeit und Authentizität zur Gefahr.[91]

Gestus

Der ‚soziale Gestus'

Schauspieler und Kamera schaffen in ihrer Gesamtheit eine Ausdrucksbewegung, die als ‚Gestus des Zeigens' bezeichnet werden kann. Zunächst jedoch soll der Begriff des Gestus geklärt werden, wie er sich aus den Ausführungen Hermann Kappelhoffs verstehen lässt.

Kappelhoff entlehnt den Begriff des Gestus der Theater- und Schauspieltheorie Bertold Brechts. Mit Gestus meint Kappelhoff die „Gesamtheit einer schauspielerischen Ausdruckskonzeption."[92] Spiel, Mise-en-Scène und Aussehen der Schauspieler begründen dann einen Vorgang, der in seiner Gesamtheit alle schauspielerischen Aktionen und Elemente als übergeordnete Ausdrucksbewegung umfasst. Kappelhoff führt den Begriff auf den ‚sozialen Gestus' hin fort, wie er ihn bei Brecht formuliert findet.[93] Er stellt dem Gestus den bürgerlichen Mimus gegenüber, dessen Ausdruckskonzeption zu einer psychologischen Figur führe.[94] Der ‚soziale Gestus' sei dagegen ein Ausdruckskomplex, der das Feld der sozialen Beziehungen zum dramatischen Gegenstand habe, so Kappel-

---

[91] Vor diesem Hintergrund kann die Bemerkung von Deleuze verstanden werden, die die Figur bei Rohmer als ebenfalls animierte, artifizielle und lebendig erscheinende Marionette beschreibt: „Bei Rohmer macht die Mumie der Marionette Platz, während gleichzeitig die Empfindungen durch eine obsessive ‚Vorstellung' ersetzt werden, die ihr von außerhalb Leben einflößt, auf die Gefahr hin, sich aus ihr zurückzuziehen und sich ins Nichts fallen zu lassen." Deleuze, Gilles (1999) *Das Zeit-Bild. Kino2.* Frankfurt/M.: Suhrkamp, S. 232.

[92] Kappelhoff 2004, S. 65.

[93] Kappelhoff 1999, S. 196.

[94] Ebd. Grundlage dieser Gegenüberstellung ist die Bedeutung des gestischen und mimischen Spiels.

hoff.[95] Die Sicht auf eine individuelle Figur wird darin in der Perspektive Brechts auf das Feld gesellschaftlicher Beziehungen verschoben.[96] Kleinere Ausdruckseinheiten wie Gestik, Mimik oder Körperhaltung verraten in der Art und Weise ihrer Ausführung gesellschaftliche Verhältnisse. Sie begründen zudem einen gesellschaftlichen Gestus der menschlichen und sozialen Gruppen- oder Gemeinschaftsbildung.[97] Das psychologische Spiel, das eine Figur individualisiert, werde, so Kappelhoff, letzten Endes im sozialen Gestus transformiert.

> „In dieser Perspektive ist Brechts Konzept der Geste nicht aus der didaktischen Funktionsbestimmung, sondern als eine Transformation der theatralen Ausdrucksform ‚Schauspieler' zu begreifen."[98]

schreibt Kappelhoff und enthebt die Schauspieler ihrer reinen Funktionalität für eine Figur oder Idee. In dieser Sicht ist das Spiel selbst ein Referenzsystem unter anderen, aus dem heraus sich das Dispositiv ‚Schauspieler' verstehen lässt.

Der Gestus ist ein Vorgang, der einen Übergang anzeigt. In ihm wird eine soziale Realität auf die Sozialität eines konstruierten Blicks von außen hin ästhetisiert.[99] Auf diese konstruierte Sichtbarkeit zielt Brecht, wenn er im schauspielerischen Gestus die Logik des Sozialen transparent machen will. Als Gegenstand ästhetischer Anschauung wird „das Alltäglich-Soziale in seiner Geformtheit und damit in seiner Veränderbarkeit einsehbar".[100] Das so Gezeigte wird zudem als artifizielles Resultat seiner Darstellung sichtbar. Der ‚soziale Gestus' ist

---

[95] Kappelhoff 1999, S. 197.
[96]Ebd.
[97] Brecht beschreibt den Gestus wie folgt: „Darunter verstehen wir einen ganzen Komplex einzelner Gesten der verschiedensten Art, zusammen mit Äußerungen, welcher einem absonderbaren Vorgang unter Menschen zugrunde liegt und die Gesamthaltung aller an diesem Vorgang Beteiligten betrifft [...] oder einen Komplex von Gesten und Äußerungen, welcher, bei einem einzelnen Menschen auftretend gewisse Vorgänge auslöst [...], oder auch nur eine Grundhaltung eines Menschen [...]. Ein *Gestus* zeichnet die Beziehungen von Menschen zueinander. Eine Arbeitsverrichtung z.B. ist kein Gestus, wenn sie nicht eine gesellschaftliche Beziehung enthält wie Ausbeutung oder Kooperation." Aus
Brecht, Bertold (1993a) „Gestik", in: ders.: *Schriften 1942-1956,* hrsg. von Werner Hecht u.a. (1993), Bd. 23. Frankfurt/M. u.a.: Suhrkamp/Aufbau-Verlag, S. 87-88, hier S. 88. Vgl. auch Brecht, Bertold (1993b) „Kleines Organon für das Theater", in: ders.: *Schriften 1942-1956,* hrsg. von Werner Hecht u.a. (1993), Bd. 23. Frankfurt/M. u.a.: Suhrkamp/Aufbau-Verlag, S. 188-189, hier S. 89.
[98] Kappelhoff 1999, S. 198.
[99] Kappelhoff 1999, S. 203.
[100] Ebd.

dann ein Ausdruckskonzept, das seine Künstlichkeit selbst zum Ausdruck bringt. Kappelhoff macht deutlich, dass diese Art der Darstellung jedoch erst Sinn macht, wenn sie in Beziehung zu einer Wahrnehmungsinstanz tritt:

> „Der Gestus, einmal aus dem Referenzsystem des bürgerlichen Schauspielers, aus dem Kreis der Charaktere herausgelöst, bildet eine neue Form des Übergangs, eine neue Form der Beziehung zwischen der gesellschaftlichen und der ästhetischen Realität des Zuschauers. Er weist nicht mehr von der äußeren Erscheinung des Körpers auf die innere Wahrheit der Seele, sondern bezieht die gesellschaftlichen Verhältnisse auf einen fremden Blick, den es zuallererst zu konstruieren gilt."[101]

Es ist im Film also letztlich nicht nur die Kamera, sondern vor allem der Zuschauerblick, an den sich die kinematografische Ausdrucksform ,Schauspieler' richtet.

Der ,Gestus des Zeigens'

Die Grundeigenschaften des ,sozialen Gestus' können auf das Spiel und die Präsenz der Schauspieler in Beziehung zur Kamera in PAULINE À LA PLAGE übertragen werden. Verschiebt sich darin doch gerade der schauspielerische Akt vom mimisch-gestischen Verkörpern psychologischer Tiefe eines Charakters zum Zeigen eines sozialen Verhaltens der Figuren. Das Gestische des Spiels wird als soziokulturell chiffriertes und damit dechiffrierbares Ausdrucksmaterial sichtbar gemacht. Dasselbe gilt für die Inszenierung der Physiognomie. Sie steht im Dienste des Stereotyps, der wiederum die Beziehungen der Figuren untereinander vorschreibt.

Es entsteht hier kein mimetischer Übergang von Darsteller und Rollenfigur, d.h. kein Übergang von der Äußerlichkeit der Schauspieler zur Innerlichkeit der Figuren. Denn die Schauspieler sind sich in ihren Rollenspielen stets selbst Gegenstand und zeigen soziales Verhalten als Spiel. Der Akt des Spielens wird zu einem Akt des Sich-selbst-Beobachtens. Zu schauspielern bedeutet dabei, soziales Verhalten zu generieren. Der Schauspielakt stellt dabei eine Differenz zur Figur her, weil die Darstellung, so lebendig sie einem auch erscheinen mag, als

[101] Ebd.

Schau-Spiel anschaulich wird. Das „Schauereignis“[102] dieser Darstellungsleistung ist das Zeigen dieses Grundprinzips. Darin entsteht ein ‚Gestus des Zeigens’, der im Spiel selbst den Wunsch nach einem äußerlichen Blick, von dem Kappelhoff spricht, mit inszeniert.[103]

Dieser ‚Gestus des Zeigens’ wird gerade im Kino zunächst durch die Kamera repräsentiert.[104] Wird also das Liebesspiel der Figuren als soziales Spiel durch die Schauspieler in Szene gesetzt, so wird gleichermaßen das Schauspiel der Darsteller durch die Kamera in Szene gesetzt. Als szenische Choreografie, die sich auf das Kamerabild als Spiel- und Bildfeld bezieht, betont das Spiel den Kamerablick als Teil und Mitbegründer seiner ästhetischen Ausdrucksbewegung. Die Instanz der Kamera ist das Element, das letztlich als Begründerin des Gestus des Zeigens selbst sichtbar wird. Schauspieler sowie Kamerabild treten als „konstruierte Sichtbarkeit“[105] auf. Sie treten in ein Wechselverhältnis, in dem sie gegenseitig auf ihre Schau-Akte verweisen. Erst im Zusammenspiel der Präsenz der Schauspieler und dem sichtbar gemachten Blick der Kamera erzeugt das Bild einen Spielraum, in dem sich das Zeigen spielerisch verwirklichen kann.

Zusammenfassung

In der Frage nach der Inszenierung der Schauspieler beantwortete sich in dieser ersten Analyse auch die Frage nach einem möglichen Inszenierungskonzept von Figuren. Deutlich wurde auch: Schauspieler sowie Figuren lassen sich ohne filmästhetische Bezugssysteme gar nicht erfassen, da sie – einfache Wahrheit – immer Resultate von Inszenierungen sind. Der Kader war hier das Element, an dem sich das durch die Kamera bereitgestellte Sichtfeld als geschlosse-

---

[102] Ebd.

[103] Siehe Zitat oben.

[104] Den Begriff entnehme ich Brecht, Bertold: „Kleines Organon für das Theater“, 1993, S. 95.

[105] Kappelhoff, 1999, S. 203.

nes visuelles Bezugssystem beobachten ließ. Der Bildrahmen wurde als solcher jedoch erst im choreographischen Stellungsspiel der Darsteller sichtbar, indem diese sich auf ihn als ein- und ausgrenzende Determinante bezogen. Gegenstand der Darstellungen sind die sozialen Beziehungen und erotischen Anziehungen der Figuren.

PAULINE À LA PLAGE inszeniert die Überbetonung des Sichtbaren und das Spiel vor der Kamera. Durch das Herausstellen von Physiognomie und gestischem Verhalten wurde das Bildfeld wie ein theatraler Auftrittsort genutzt. Darin wurden die Schauspieler zu Trägern typischer Erscheinungsweisen, aus denen sich die Figuren als Stereotypen eines sozialen Ensembles entwickeln lassen. Schauspielerische Arbeit erweist sich dann als Bearbeitung des Selbstbildes der Darsteller in ihren Rollenspielen. Das Typische ihrer Erscheinung wird durch das stereotypisierende Gestenspiel erarbeitet und erzeugt darin den Eindruck der Individualität der Schauspieler und Figuren. Dabei sind sich die Schauspieler selbst Gegenstand ihres Spiels. Der Akt des Spielens wird zu einem Akt des Sich-Selbst-Beobachtens und der Erzeugung von sozialem Verhalten. Die sonst als apriorisch behauptete personale Identität der Schauspieler zeigt sich als etwas, das erst in der filmischen Inszenierung sichtbar wird. Eine Filmfigur realisiert sich dann letztendlich in der Relation, die dargestellte Körper bzw. Physiognomien, ihr Bezug zur Kamera und der Zuschauerblick eingehen.

Dieser Film hat gezeigt, dass Schauspieler als Erscheinungen verstanden werden können, die sich aus kinematografisch visuellen und auditiven Elementen wie Körper, Sprache, Gestik, Mimik, zusammensetzen. Paradigmatisch ist der Blick der Kamera, der Schauspieler immer als Resultate filmisch-ästhetischer Prozesse und Inszenierungen sichtbar werden lässt. Das Phänomen ‚Schauspieler' kristallisiert sich nicht nur als filmisch-ästhetisches Resultat, sondern vielmehr als Ergebnis sozialisierter Physiognomien und Verhaltensweisen heraus. Die Unterscheidung von Künstlich- oder Natürlichkeit der Schauspieler sind dabei auch nur verschiedene Formen sichtbar gemachter normativer Verhaltensmuster und konventioneller Entwürfe.

Sichtbar zu werden oder sich in einen Wahrnehmungskreis zu rücken bedeutet für Schauspieler oder Figuren nicht, sich uneingeschränkt entwerfen zu können, sondern sich auch einem externen Blick zu fügen. Dieser hypothetische Blick ist ebenfalls Teil der Inszenierung ihrer Identität. Er ist jedoch begrenzt, nicht rein objektiv. In ihm lässt sich das oben angesprochene System von Konventionen und Werten identifizieren. Darin setzt dieser Blick den Rollen- und Selbstentwürfen von Schauspielern oder Figuren Grenzen. Die ursprüngliche Natur der Schauspieler ist letztlich nicht mehr ursprünglich, sondern Resultat einer Inszenierung und eines kulturell normierten Blicks. Dieser Blick realisiert sich hier in einem Kamerabild als intentionalem Feld. In diesem Feld stellen Schauspieler sich nicht nur in Verhältnissen dar, sondern sie wirken als konstruktives Moment für das filmische Bild an sich.

KÖRPER, DYNAMIK UND RAUM: LES NUITS DE LA PLEINE LUNE

Das Spiel vor der Kamera lässt sich nicht nur auf das als kadrierte Rechteck verstandene Bildfeld beziehen, sondern auch auf gebaute Räume und deren Ausstattung. Rohmer schreibt über solche Räume:

> „Diesen – natürlichen oder künstlichen – Teilen von Welt, wie die Projektion auf die Leinwand sie mehr oder weniger getreu darstellt, eignet eine objektive Existenz, die selbst Gegenstand des ästhetischen Urteils sein kann. Mit dieser Realität setzt sich der Filmer, während er dreht, auseinander, ob er sie nun wiederherstellt oder verrät."[106]

Rohmer meint damit den von ihm so genannten Architekturraum, in dem sich die Schauspieler bewegen.[107] Es sind die abgefilmten, durch Formkörper, Linien, Flächen, Fluchten, Wände etc. geschaffenen architektonischen Räume. Nicht mehr das Kamerabild in seiner begrenzenden Eigenschaft, sondern Architektur, Dekor, Interieur und Kostüme werden zum Bezugsrahmen der Darstellungsakte. Die Modellierung der physischen Präsenz der Darsteller durch Räume, Dekor, Licht und Kostüm bestimmt hier das Figurenkonzept.

Topografie der Bewegung und Räume

Im Folgenden wird der Spielraum als tatsächlicher Raum begriffen, wie er sich in Architektur, Dekor und Ausstattung zeigt. Die Präsenz der Schauspieler, das Entwickeln der Figuren im körperlichen Spiel und das körperliche Spiel als Identität der Schauspieler werden hier nun auf diesen konkreten Raum bezogen. In LES NUITS DE LA PLEINE LUNE weicht die abstrakte, typisierte Bühne des Außenraumes ‚Strand' aus PAULINE À LA PLAGE signifikant gestalteten Interieurs von Pariser Privatwohnungen. Architektur und Design der Innenausstattung malen ein aktuelles Zeitkolorit der Achtziger Jahre, in das die Erscheinung der Figuren und ihre Geschichte eingebettet werden.

---

[106] Rohmer 1980, S. 10.
[107] Ebd.

Zwischenbereiche

Louise wohnt gemeinsam mit ihrem Mann Rémi in Marne-la-Vallée, einer der Pariser Trabantenstädte, die Anfang der Siebziger Jahre angelegt wurden. Gleichzeitig mietet sie ein kleines Appartement in Paris. Sie ist Innenausstatterin, er Architekt. Dann ist da noch Octave, Journalist, ein Freund von Louise und auf narzisstische Art und Weise in sie verliebt.

Louise pendelt zwischen Paris und Banlieue hin und her, zwischen Partys und häuslichem Leben, immer auf der Suche nach Erfüllung einer unbestimmten Sehnsucht. Eine Vollmondnacht in Paris wird zur Erlebnisnacht mit einem unbekannten Partygänger.[108] Vor Sonnenaufgang noch verlässt sie das Appartement, um zu ihrem Mann Rémi zurückzukehren. Doch dieser verlässt sie an diesem Morgen.

Auch diese Figuren werden außerhalb des Arbeitslebens gezeigt. Es ist vorwiegend Abend oder Nacht. Die meisten Szenen spielen sich in zeitlichen Zwischenräumen des organisierten Arbeitslebens ab, außerhalb der Hierarchien und Strukturen des Alltags. Entscheidende Tageszeiten sind früher Morgen, Nacht oder Abend mit ihrem Zwielicht. Eine traumwandlerische Welt der Zwischenbereiche – Vollmondnächte, in denen alles zu sehen, aber mit einem fahlen, unwirklichen Schimmer überzogen ist.

Orte des Transits und Brennpunkte

Trotz der nächtlichen Zeiten wird von Alltäglichkeit erzählt. Sie nistet sich in den Zwischenbereichen des Besonderen ein, zwischen den außerordentlichen Momenten der Feste und Begegnungen. Vor allem in der Hin- und Herbewegung Louises entsteht ein beiläufiger Gestus des Alltäglichen, der sich über die rhythmische Struktur des gesamten Films legt. Rastlosigkeit, ständige Bewegung, ein permanentes Hin und Her bestimmen die Grundbewegung des Films. Paris und Vorstadt stehen sich gegenüber, private Innenräume werden zu

[108] Dass dies tatsächlich eine Liebesnacht ist, wird nicht gezeigt. Sie lässt sich nur erahnen, da beide nackt nebeneinander im Bett zu sehen sind.

öffentlichen Party- Locations oder zu intimen Zimmern, in denen sich die Figuren zu ihren Wünschen und Vorstellungen von sich selbst bekennen.

Außenräume erscheinen flüchtig, sie sind mit dem Hin und Her der Figur Louise verbunden. Sie beschreiben Transitbereiche zwischen den Innenräumen. Louise ist die Konstante der Bewegungen. Ihre Geschichte bewegt sich zwischen den Nächten, zwischen Arbeitsplatz, Heim und Pariser Nachtleben. Es ist ihre Bewegung, ihre Welt, die beschrieben wird. Eine Welt ohne klaren Mittelpunkt, eine Welt mit vielen aber flüchtigen Zentren, nur scheinbar bedeutsamen Situationen in den Innenräumen der Intimität. Das Paris des Alltags wird in einen rhythmischen Ort der Bewegung übersetzt.

> „Paris appartient de la Nouvelle Vague, et elle y fait marcher les acteurs, de la promenade à l'errance et à la clochardisation (Le signe du Lion, É. Rohmer, 1959)."

schreibt Jacqueline Nacache über die neu erschlossenen Bewegungsräume, in denen sich die Figuren bewegen, und in denen das Spiel der Schauspieler stattfindet.[109] Darüber hinaus bezeichneten die Schauspieler im modernen Kino – das laut Nacache mit Antonioni und Tarkovski und nicht nur mit der Nouvelle Vague zu identifizieren sei – ein neues Paradigma der Figuren des Herumwanderns und der Grenzgänger.[110] Statische Räume werden in der Bewegung der Schauspieler dynamisiert.

Dieser Aspekt des Herumirrens wird in LES NUITS DE LA PLEINE LUNE erweitert, indem die großstädtische Welt mit einer Topografie designter Innenräume ausgestattet wird. Es ist ein urbanes Universum, in dem Wohnungen zu Interieurs des möglichen Miteinanders, der Isolation voneinander und zu Brennpunkten von Beziehungsversuchen werden. Es entsteht eine Topografie von präzise ausgestatteten Raummodellen, die sich introvertiert vor der Außenwelt zu verschließen scheinen und den Wegen, die zwischen diesen Innenräumen liegen. Diese Modelle von Innenräumen stehen in zusammenhangslosen, beliebigen topografischen Beziehungen zueinander und werden lediglich durch Pascal Ogiers/Louises Bewegung und Anwesenheit verbunden. Die lose Aneinanderrei-

[109] Nacache 2005, S. 63.
[110] Ebd.

hung und Abfolge der Interieurs beschreibt letztlich eine über dem ganzen Film liegende Topografie der beliebigen Räume, wie sie Deleuze ausführt:

> „Ein beliebiger Raum ist keine abstrakte Universalie jenseits von Zeit und Raum. Es ist ein einzelner, einzigartiger Raum, der nur die Homogenität eingebüßt hat, das heißt das Prinzip seiner metrischen Verhältnisse oder des Zusammenhalts seiner Teile, so daß eine unendliche Vielfalt von Anschlüssen möglich wird. Es ist ein Raum virtueller Verbindung, der als ein bloßer Ort des Möglichen gefaßt wird.“[111]

In LES NUITS DE LA PLEINE LUNE übernimmt die Organisation der Abfolge von Innenräumen die narrative Funktion von kausal aufeinander bezogenen dramaturgischen Handlungsereignissen. Verbunden mit einer Bewegung, deren Ziel frei flottiert, beschreibt die Topografie der Innenräume in Verbindung mit der Bewegung Louises die von Deleuze als *balade* bezeichnete Erzählbewegung. Es ist eine ungewisse Aneinanderreihung und Verkettung der Orte und sich zufällig ergebender Ereignisse.[112] Eine solche Bewegung und Topografie bestimmt das Ereignisgerüst des Films und lenkt den Blick weg von seiner rein kausal-dramaturgischen Konstruktion.

Die Hin- und Herbewegung, mit der die Außenräume beschrieben werden, kommt in den Innenräumen zum Stillstand. Hier kristallisieren sich autark voneinander getrennte szenische Momente, die zwischenmenschliche Beziehungen oder die Isolation der Figuren voneinander zeigen. Ehe- und Liebesgemeinschaften, gesellige In-Partys und Einsamkeit bilden ein Arsenal öffentlicher und privater Beziehungsvariationen.

Die Ehegemeinschaft Louises und Rémis ist im Begriff auseinander zu brechen. Doch auch die mögliche Liebschaft zwischen Octave und Louise kommt nicht zur Realisierung. Die vollmondnächtliche Affäre mit dem eigent-

---

[111] Deleuze 1998, S. 153. Siehe auch S. 151ff. und 266.

[112] Deleuze beschreibt dies am Ende seines ersten Kinobuches als den Moment der Krise des Aktionsbildes. Dieser Moment, den Deleuze mit den Filmen des italienischen Neorealismus und der französischen Nouvelle Vague verwirklicht sieht, ist der Moment des Übergangs vom Bewegungs- zum Zeitbild. Die Auflösung einer Kinovorstellung, in der das Kino seine Welt als sensomotorische und handlungsdramaturgische Verkettungen herstellt und die Kristallisierung eines Kinos, das sich als zeitliche Form selbst wahrnimmt und herstellt.
Deleuze 1998, S. 284ff und zum Begriff der *balade* S. 278.

lich unbekannten Bastien erweist sich als kühler Fall emotionaler und körperlicher Indifferenz. Sexuelles Begehren wird Inhalt lediglich verbaler Äußerungen und als körperliche Vereinigung in das hors-champ der Vollmondnacht-Szenen verlagert.

Die Verhältnisse sind von verhinderten Beziehungen, körperlichen Kommunikationsstörungen und räumlicher Isolation geprägt. Die einzige Beziehung zwischen Rémi und Camille, die wächst und, obgleich erst am Ende des Films, als dauerhafte Liebe bezeichnet wird, findet im hors-champ der Geschichte statt.[113]

Dieser kurze Blick auf die topografischen Anordnungen macht die Beziehungen der Räume zueinander deutlich und betont gleichzeitig die Abgeschlossenheit der Innenräume gegenüber den Wegstrecken zwischen ihnen. Straßen und Metrolinien werden zu Orten reiner Bewegung,[114] während die Abfolge der Innenräume und das, was in ihnen geschieht, eine Dramaturgie des Stillstands begründen. Von Bewegung, Gemeinschaft und Isolation zu sprechen, bedeutet dann, von den Körpern der Darsteller, von ihren Beziehungen und Abständen zu sprechen. Es bedeutet aber auch, das Dispositiv ‚Schauspieler' aus dem Verhältnis des körperlichen Spiels zum szenischen Raum zu begreifen.

Bei einer solchen Betrachtung zeichnet sich eine Linie ab: die Bezugnahmen der Schauspielakte innerhalb dieser Räume lösen sich von der körperlich-aktoriellen Interaktion (zwischen den Darstellern) und wenden sich in ihrer darstellerischen Beziehungsmöglichkeit mehr und mehr Dekor und Architektur zu.

---

[113] Von den scheinbar intakten Liebesverhältnissen wie Octaves Ehe sind lediglich dekorative Zeichen zu sehen, private, in Wohnräume integrierte Artefakte. Es handelt sich nicht um eine allgemein konstatierte Welt, in der Beziehungen nicht mehr möglich wären. Es ist das Universum, das sich auf die Figur Louise bezieht, die Wahrnehmung ihrer Welt.

[114] Felten argumentiert mit Deleuze und Guattari, die Hin- und Herbewegung Louises sei die Bewegung eines kontingenten Begehrens, „das durch kein Ziel beendet werden kann." Begehren ist folglich reine Bewegung und reine Bewegung ist der Ausdruck eines Begehrens.
Vgl. Gilles Deleuze / Félix Guattari (1992) *Tausend Plateaus. Kapitalismus und Schizophrenie 2.* Berlin: Merve, S. 213, zitiert aus Felten 2004, S. 99.

Körper, Spiel und Architekturraum

Konfrontation

Nachmittag im November. Blick von innen auf einen Balkon: Ein Mann Mitte Dreißig auf dem Balkon. Er trainiert, vor ihm liegen Hanteln.
Ein anderer Raum: Eine Frau, vielleicht etwas jünger als er, sitzt telefonierend auf einem Bett. Sie trifft gerade eine Verabredung. Sie ist von einem weichen, weiten, grauen Mantel umhüllt und trägt eine große graue Schleife im Haar; ihre Hosen sind auch grau. Das Telefon, der Bezug des Bettes und die Kommode rechts daneben ebenfalls grau. Auf der Kommode steht eine Lampe aus feinen, gelben Rohr-Elementen, die sich als filigranes Dreieck vor der gedeckt hellblauen Wand abzeichnen. Daneben stehen weiße Margeriten, Fenster- und Türrahmen sind ebenfalls weiß. Als die Frau auflegt und aus dem Raum geht, bleibt der Raum leer zurück und offenbart seine ganze Geometrie: Der Blick vom Inneren des Zimmers fällt auf die hellblaue Wand, in der linken Bildhälfte ein weiß gerahmtes Fenster. Es zeigt vor einem vom Schwachblau ins Abendrosa übergehenden Himmel sind Neubauten, dahinter rechts einen Kran, die filigrane Krone eines kahlen Baums in der linken Hälfte, das Stück eines künstlichen Teichs und etwas Wiese. Rechts neben dem Fenster eine geöffnete Türe, an der schwer, fast schon bedrohlich der dunkle Anzug eines Mannes auf einem hölzernen Kleiderbügel hängt.

Dann ein Disput des Mannes und der Frau zwischen Tür und Angel. Er trägt ein graues Sportträgerhemd, das Bizeps und Brustmuskeln hervorhebt, und hat ein rotes Handtuch über die Schultern geworfen. Den Kopf angespannt nach vorne geschoben, steht er zwischen Flur und Wohnzimmer. Die Frau geht durch den Raum, ständig in Bewegung. Suchend hebt sie Mappen und Papier an, lässt sie gleichgültig fallen, streift Dinge, Gegenstände. Der Kamerablick folgt dieser Bewegung.

Sodann beide in einem Bild, einander gegenüber stehend. Sie steht in der rechten Bildhälfte, vor einer Wand. Die rot-weiß-blaue Fläche eines Mondrian-Druckes füllt die rechte obere Bildfläche aus. Er, links im Bild, steht vor dem sich nach hinten öffnenden Raum zum Flur hin. *Er möchte mit ihr ausgehen am*

Abend und gemeinsam mit ihr zurückkehren.[115] Er redet sanft aber eindringlich auf sie ein, küsst ihre Hand und presst sie fest an die eigene Brust. Ihre beiden Hände verschränken sich, als übten sie sich im Armdrücken.

Der Körper der Frau, ständig in minimalen und flüchtigen Bewegungen, wendet sich hin und her, der Kopf schwankt oder neigt sich nach links, nach rechts, kehrt zurück. Ihre Augenlider flattern, der Blick schweift ab, immer nur kurz in Kontakt mit dem Blick des Mannes. Sie redet mit zarter und heller Stimme, ein wenig weinerlich: *Sie möchte so lange bleiben wie sie will, sogar auch alleine zurückfahren.*

Er lässt ihre Hand los, stemmt die Arme in die Seiten, redet eindringlicher auf sie ein: *Entweder sie kämen beide zu einer vernünftigen Zeit, oder er käme gar nicht mit.* Sein Zeigefinger deutet eindringlich auf ihr Gesicht. Er reibt sich die Bauchmuskeln, die zurückgehaltene Energie des angespannten Körpers richtet sich an die Frau vor ihm. Diese windet sich, geht dann aus dem Bild. *Dann solle er es eben lassen.* Der Mann bleibt zurück, wütend die Hände in die Seiten gestemmt. Seine Frau geht aus der Wohnungstür. Der leere Flur.

Diese erste Spielszene etabliert Louise und ihren Mann Rémi, gespielt von Pascal Ogier und Tchéky Karyo. Neben verbalem Kräftemessen stellt sie eine physische Machtprobe dar. Beständig entwindet sich die Frau, während ihr Mann auf das Unmögliche drängt. Es geht nicht darum, einen Kompromiss zu finden zwischen beiden Positionen, sondern um das Insistieren auf der jeweils eigenen Haltung. Die Ehe- und Lebensgemeinschaft, wie sie sich hier offenbart, ist von sanfter Gewalt und unentschlossener Indifferenz geprägt.

In der Gegenüberstellung des Spiels Ogiers und Karyos wird der Disput zu einer körperlichen Konfrontation. Sujet dieser körperbetonten Darstellung ist weniger die Konstellation der Figuren oder deren Verhältnis auf inhaltlicher Ebene, sondern ihre direkte Beziehung zueinander.

[115] Kursiv gedruckte Sätze stellen sinngemäße Extrakte aus dem gesprochenen Dialog dieser Szene dar. Wichtig ist hier vor allem die Relation zwischen Inhalt und Körpersprache.

Körperhaltungen, Körperdispositionen

Diese Beziehung gründet auf dem körperlichen Verhältnis der Darstellerin und des Darstellers. Dabei geht es zunächst um die Inszenierung der physischen Dispositionen der beiden Schauspieler.

Tchéky Karyos Hantelspiel im Novembermorgen auf dem Balkon und das Trägerhemd machen dessen Körper zu einer starken, physischen Tatsache. Sein Körper ist muskulös, kompakt, stark, aber auch animalisch in seiner nach vorne gerichteten Spannung, bereit zum Sprung. Ogiers Körper dagegen ist dünn, ihre Stimme verschwindend hoch, die Bewegungen tastend, ohne direktes Ziel. Der durch die hochtoupierten Haare in seiner Größe betonte Kopf unterstreicht die Fragilität ihres schmalen Halses. Die fließenden weiten Kleider betonen in ihrer Weichheit den flüchtigen Eindruck dieses Körpers, verhüllen ihn aber fast gänzlich.

Diese körperlichen Eigenschaften Ogiers und Karyos werden also nicht nur durch Kleidung betont, sondern regelrecht gegeneinander ausgespielt. Die physisch bestimmende Kraft des einen misst sich mit der schwer zu greifenden Flüchtigkeit der anderen.

Das Körperspiel übersetzt die Haltung der Kommunikationspartner zueinander. Es stellt Beziehungen und Differenzen nicht mehr in sozialen Rollenbeziehungen her, sondern durch affektives Agieren und Reagieren auf Umgebung und Partner. Körperhaltungen und -zustände lassen sich auf ein Bewusstsein der Figuren hin betrachten. Die körperlichen Darstellungsakte referieren im Vergleich zu PAULINE À LA PLAGE hier weniger auf soziales Verhalten. Es sind Schauspielakte, die sich aus Körperhaltungen zusammensetzen, die nicht für eine sozial determinierte Rolle im Sinne des Stereotyps signifikant sind. Der Körper wird in seiner materiellen Beschaffenheit (nicht in seiner physiognomischen Typik wie in PAULINE À LA PLAGE) und in seinem qualitativen Bewegungspotenzial verstanden. Gerade darin wird er zum grundlegenden Ausdrucksträger des Spiels. Der Schauspielerkörper wird in seiner qualitativen Beschaffenheit mit bestimmten Möglichkeiten des Ausdrucks – und nicht des Bedeutens – gezeigt. Auf diesen Möglichkeiten beruhen die Ausdrucksdimensionen der Figur. Der Körper etabliert sich weniger als Darstellungsziel (Typ/signifikantes Ergebnis des Spiels), sondern vielmehr als dynamisches und transformierbares Objekt des schauspielerischen Aktes.

Über den Affekt schreibt Gilles Deleuze:

> „Der Affekt ist gewissermaßen das, was in einem Zustand zum Ausdruck kommt, aber dieser Ausdrucksinhalt verweist nicht auf einen Zustand, sondern nur auf die Gesichter, die ihn zum Ausdruck bringen und ihm in ihren Zusammensetzungen und Trennungen eine eigene, bewegte Materie geben."[116]

Das, was Deleuze im Gesicht sieht, lässt sich auch auf den Körper übertragen. In diesem Sinne ist der Körper der Darsteller kein Körper eines sozialen, sondern eines affektiven Figurentyps. Das Spiel ist ein transformierbarer Zustand dieses Körpers, der im Affekt seine Möglichkeit und damit einen Teil seines Potenzials realisiert. Das Affektive der Schauspieler-Körper ereignet sich erst im Spiel selbst, welches zu einem allgemeinen Zustand der Figur wird.

Beziehungen zum Raum

Während des Disputs der oben beschriebenen Szene steht Karyo vor einem sich nach hinten öffnenden Raum; sein muskulöser Körper braucht keinen Halt. Er richtet sich an seiner eigenen Achse aus, und der Fixpunkt seines Spiels konzentriert sich nur auf eine Richtung. Karyos kompakter Oberkörper teilt das Bildfeld wie eine feststehende Wand. Der Schauspieler wird vor der Kamera zu einem Element, das die architektonische Beschaffenheit des Bildes verstärkt: ein Element des Raumes.

Pascal Ogiers Spiel hingegen zeichnet sich durch ein unbestimmtes Verhältnis zum Raum aus. Die Bewegungen der Schauspielerin sind flüchtig, klein, wechselhaft und ohne Ziel. Dieser zerstreuten Bewegungsqualität wirken der

---

[116] Deleuze 1998, S. 149.
Deleuze bezieht sich paradigmatisch auf das Gesicht, das den reinen Affekt ausdrücke bzw. das reiner Affekt an sich sei: ein Bild des Affekts, das sich von seiner Bindung an den konkreten Raum und seinen Ursachen löst und nur noch virtuelle, mögliche Verbindungen zulässt. Beispielhaft für Deleuze ist die Großaufnahme eines Gesichts. Sie ist weniger Bild eines Affekts, als Affektbild selbst. Es ähnelt darin dem zu Beginn dieses Kapitels eingeführten Begriff der beliebigen Räume, denn sie erscheinen als Bild mehr in ihrer qualitativen Beschaffenheit als in ihrer senso-motorisch durchmessbaren Ausdehnung oder Konstruktion.

klar strukturierte Raum und die rot-weiße Fläche eines Mondrian- Bildes an der Wand hinter der Schauspielerin stabilisierend entgegen. Ogier entwirft ihr Spiel als unbestimmt ausgeführter, ungerichteter Wechsel minimaler Körperhaltungen. Sie betont darin die flüchtige Qualität ihres Körpers in Differenz zur Kontinuität des Raumes. Indem die Kamera ihrem Spiel folgt, betont sie den Raum weniger in seiner Statik als in seiner Eigenschaft als dynamischen Bewegungsraum. Es sind also nicht nur die Beziehungen der Schauspielerkörper zueinander, die einen Raum schaffen, sondern durch das Spiel selbst wird eine Beziehung zum szenischen Raum des Wohnzimmers oder Flurs hergestellt. Da er nie ganz vom konkreten Raum der Szene getrennt ist, erzeugt der affektive Körper im Bild auch nicht den reinen Affekt im Deleuze'schen Sinne. Dazu tragen die Einstellungsgrößen bei, die der Amerikanischen oder Halbnahen ähneln.[117] Einstellungen, die in ihrer Eigenschaft die Kadrierung des Körpers in seiner Beziehung zum Raum betonen.

In der Organisation der Körper vor der Kamera wird das Spiel der beiden Darsteller auf den architektonischen und dekorativen Szenenraum bezogen, wie er im Bild erscheint. Die Position der beiden Darsteller in diesem Raum ist immer auch eine Position vor der Kamera. Der szenische Raum ist ein an architektonischen Prinzipien ausgerichteter Bildraum im Sinne des Architekturraums, wie Eric Rohmer ihn vorstellt. Rohmer beschreibt Architektur als „Form – oder Formenensemble –, die dem Blick sich darstellt."[118] Um die Begriffe Rohmers zu verwenden, ist dieser Raum ein architektonisch organisierter Bildraum, der sich im Bild als Architekturraum formuliert. Gebrauchsgegenstände, Wände und Körper werden durch ihre räumliche Anordnung zu formalen Elementen eines dreidimensionalen Raumes, der sich erst im Bild ereignet.

Körperhaltungen und Gesten der beiden Schauspieler werden hier zu flüchtigen Vektoren, die den Raum durchkreuzen und Koordinaten setzen. Innerhalb der Mise-en-Scène setzen sie strukturale Linien und Richtungen in den

---

[117] Die Innenräume sind im Vergleich zu den Außenräumen keine beliebigen Räume, da in der wenn auch geringen Montage ihre szenisch-räumlichen und damit auch zeitlichen Koordinaten aufrechterhalten werden.
Vgl. Deleuze 1998, S. 152f.

[118] Rohmer 1980, S. 41.

Raum des Bildes, bauen oder lösen sie auf, unterstreichen sie oder verfolgen sie weiter. Das verbale und gestische Spiel zeichnet in den vorhandenen Architekturraum ganz eigene Raumentwürfe, die in Opposition oder Übereinstimmung zu ihm stehen. Es lädt die präzise designten Raumentwürfe mit verschiedenen Bewegungsformen auf. Das Körperspiel ist also nicht weniger raumbildend als die in Dekor und Architektonik entworfenen Interieurs oder das Bildfeld und seine Perspektive, denn es erweitert hier das architektonisch organisierte Bild durch dynamische Qualitäten. Das Spiel bildet also in seinen spezifischen Raumentwürfen einen eigenen Bewegungsraum, der die Idee der Architektur erweitert und zugleich interpretiert.

Nicole Brenez bietet einen Ansatz, der die rein architektonische Idee des Bildes über Formen und Volumina hinaus gehend erweitert und auf den Begriff der Figuration von Erscheinungen hin entwickelt. Ihrem ikonisch-plastischen Ansatz zufolge ist das Bild als Ensemble von Elementen, von Formen, Körpern, Linien und Fluchtpunkten zu verstehen.[119] Aus deren Phänomenologie und ihren Beziehungen entstehe, so Brenez, eine Morphologie des filmischen Bildes. In diesem Sinne versteht Brenez das kinematografische Bild als Architektur aber auch als dynamische Einheit.[120] Sie entwirft den Begriff der Figuration als übergreifendes Organisationsprinzip für Beziehungen innerhalb eines (Körper)Ensembles. Figuration bezeichnet dann den Vorgang eines signifikanten Sichtbarwerdens der spezifischen Ökonomie von Beziehungen. Diese Beziehungen können räumlicher, gestischer, dynamischer, farblicher etc Art sein. Das Prinzip der Figuration ist in diesem Falle vor allem für die Komposition des Bildes interessant. Brenez verwendet es szenen- und filmübergreifend für die Gesamtheit der Wirkung kinematografischer Bilder:

> „Des éléments tels que la silhouette, le personnage, l'effigie, le corps, le rapport entre figure et fond, se mettent eux aussi à circuler. Si, dans le réel, l'équivalence entre corps individu et personne fait l'objet d'un maillage identitaire de plus en plus serré, rien n'oblige à la reconduire au cinéma. […] Le ci-

[119] Diese Linien und Fluchtpunkte müssen nicht Objekten oder Bauten entspringen, sondern können mit dem Bewegungsspiel der Schauspieler als flüchtige Bewegungsrichtungen und Qualitäten in den Raum ‚gemalt' werden.

[120] Brenez, Nicole (1998) *De la figure en général et du corps en particulier. L'Invention figurative au cinéma.* Paris, Bruxelles: De Boeck Université, S. 12.

néma peut reconduire mais aussi réouvrir l'ensemble des notions et partitions par lesquelles nous appréhendons les phénomènes de présence, d'identité, de différence. La figurativité consiste en ce mouvement de translation intérieur au film entre des éléments plastiques et des catégories de l'expérience elle-même, et mettre en cause, par exemple, nos réflexes en matière de singularité, de présence ou de souveraineté. Donc, un film s'organise nécessairement – et ceci ne signifie pas délibérément – en une économie figurative, qui régit l'ensemble de ses relations (la morphologie de l'image, ses propriétés formelles, le traitement des motifs) et que l'analyse a pour tâche de dégager.“ [121]

Brenez geht über die Ebene der reinen Bildgestaltung hinaus. Figuration ist dann eine Übersetzungsbewegung, in der plastische Elemente und Kategorien von Erfahrung (sie nennt vor allem existenzphilosophisch diskutierte Erfahrungen wie Reflexion von Einsamkeit, Gegenwärtigkeit oder Souveränität) nicht nur in Beziehung treten, sondern vielmehr auseinander hervorgehen. Das heißt auch, dass Brenez das Bild weniger als geistige Einheit sieht, das durch intellektuelle Arbeit der Zuschauer Begriffe hervorbringt. Das Erkenntnispotenzial ihres Bildbegriffs liegt vielmehr in der dynamischen Einheit visueller Wahrnehmungsmuster auf Seiten des Bildes und der Zuschauer, die eine Erfahrung erzeugen. Figuration ist dann ein potenzielles Ereignis im Bild, das durch erlebnisfähigen Zuschauer aktualisiert wird. Seine Rolle liegt darin, die Ereignisse des Bildes in seiner Wahrnehmung auf die Ebene der Erfahrung zu bringen. Die plastische Ökonomie ist der visuelle Anlass dieses Vorganges. Die Erfahrungsmöglichkeiten, die das Bild in sich trägt, sind hier immer unmittelbar gemeint. Das figurative Ereignis im Film beruht also auf der Beziehung zwischen Zuschauer und Bild, und es realisiert sich in den Kategorien von (audio)visueller Ökonomie, Wahrnehmung, Erfahrung und Erkenntnis.[122]

Der szenische Raum ist so nicht zu trennen vom Bild. Deswegen ist er der Inszenierung nicht vorgängig. Er entsteht in seinem eigentlichen Sinne erst durch die körperliche Anwesenheit der Schauspieler sowie die Art ihres Spiels

[121] Brenez 1998, S. 13.
Es sei hier darauf hingewiesen, dass die Begriffsübersetzungen von ‚personnage' und ‚figure' Schwankungen unterliegen. Brenez meint mit ‚personnage' die Figur im Sinne des Charakters und mit ‚figure' die Figur im Sinne der Gestalt und ihrer Erscheinung.

[122] Dies ist eine vereinfachte Sichtweise auf Brenez' Konzeption des kinematografischen Bildes. Brenez positioniert sich in einer philosophischen Diskussion, die hier jedoch nicht weiter verfolgt werden soll.

zwischen Objekten und Wänden vor der Kamera. Das Bild wird nicht mehr in seiner rahmenden und begrenzenden Eigenschaft betont, sondern in seiner bildnerischen Eigenschaft, die Räume und Körper erst hervorbringt. Das Bild selbst ist also ein dynamischer szenischer Raum. Mise-en-Scène heißt in diesem Zusammenhang, die Darsteller in sichtbaren Kontakt zu diesem Raum zu bringen. Das bedeutet für die weitere Analyse, diesen Kontakt zu beschreiben, die Begriffe von Raum und Schauspieler aus diesem Kontakt heraus zu konfigurieren.

Drei Spielräume

Erstens: Selbstbezug und Abgrenzung – Tchéky Karyo

Mit der einen Hand sich selbst schlagend, wirft Karyo sich ungeachtet der Wände und Möbel durch den Raum des Wohnzimmers. Er weicht zurück und stößt sich an einer Ecke den Arm. Er referiert auf jene zurückgehaltene, zu Beginn exponierte und anscheinend von innen kommende Energie. Indem er sich schlägt, verdoppelt Karyo die verbale Selbstbeschimpfung als physisch angelegte Geste der Selbstattacke. Die Schläge auf den eigenen Körper, die animalische Haltung und sein Zurückweichen referieren nicht so sehr auf das Dekor, den Umraum, das Wohnzimmer. Vielmehr sind die Gesten des Insistierens auf den eigenen Körper gerichtet, aus dem heraus sich das Spiel entwickelt. Sie geben der Figur Rémi eine fast schon kindlich-trotzige Dimension.

Der Schauspieler ist hier Träger eines Körpers, in dem unsichtbare Energie sichtbar wird. Ein Spiel, das zunächst stark an das Method Acting erinnert, da es die Illusion einer momentanen psychologischen Authentizität, einer Innenschau in den emotionalen Kern des Schauspielers zu sein scheint. Aber hier ist es nicht der Körper, der die Verbalisierung emotionaler Zustände körperrhetorisch ersetzt. Verbaler und physischer Ausdruck verdoppeln sich, schließen sich zu einer übersteigerten Darstellungsbewegung zusammen. Das Insistieren auf den eigenen Körper während des Ausbruchs funktioniert einerseits als Selbstreferenz des Schauspielers in seinem Spiel und andererseits als Selbstaussage der Figur. Diese Gesten sind eher monologisch, als dass sie Kommunikation ermöglichen. Sie isolieren von einem Gegenüber und werden zum Ausbruch einer durch verhinderte Interaktion angestauten Energie.

Karyo entwirft ein Spiel, das seine Dynamik autark vom architektonisch-szenischen Raum, in dem es stattfindet, entwickelt. Karyo bezieht sich nicht direkt auf den szenischen Raum. Die Dynamik seiner Schauspielakte entwickelt er aus der intensiven Körperarbeit heraus. Darin orientiert sich das Spiel weniger an Richtungspunkten im Raum oder den Rahmenbedingungen des kadrierten Bildes, sondern an dem, was im Körper selbst passiert. Diese Art des physischen Spiels schafft eine deutliche Grenze zwischen Schauspielerkörper und Raum. Indem er die Eindrücklichkeit seiner Präsenz aus einer physischen Anwesenheit und Dynamik entwickelt, macht Karyo sich hier zum szenischen und energetischen Zentrum. Nicht der Körper folgt den Bedingungen der Bildkomposition, sondern der Kamerablick reagiert auf dessen Spiel.

Das Körperspiel Karyos ist nicht nur Energieverteilung, sondern auch eine Veränderung des Körpervolumens. Es gestaltet die Vorstellung eines inneren körperlichen Raumes in der energetischen Ausdehnung und Kontraktion der Körperoberflächen. In der Veränderung des Volumens verbildlicht sich die dynamische und veränderbare Intensität der Figur, verlegt sich der Spielraum in den Körper des Schauspielers selbst. Die Strenge des Bilddesigns durch Linien, Formen und Volumen, die weitgehend den gesamten Film beherrscht, gerät ins Wanken. Das Körperspiel Tchéky Karyos erzeugt in sich einen eigenen Orientierungspunkt.[123] Rhythmus und Dynamik der Szene werden allein durch dieses Spiel erzeugt. Der Schauspieler löst sich für einen Moment von den Restriktionen des architektonischen Raums und der organisierenden Kraft einer geometrischen Mise-en-Scène.

Darin bekommt das Spiel einen filmisch-theatralen Charakter. Es löst sich von der Illusionswirkung des Method Acting in Bezug auf die Person des Schauspielers. Denn die in großen Gesten gezeigten, sinnlich-körperlichen Darstellungen werden nicht als intensive emotionale Reaktionen der Schauspieler-

[123] Selbst das Vergehen der Zeit manifestiert sich in seinem Körper; die schlaflosen Nächte spiegeln sich in seinem müden Gesicht, seinen Augenringen wider.

person auf tatsächlich innerlich Erlebtes hin inszeniert.[124] Der Selbstbezug Tchéky Karyos in seinem Darstellungsakt ist dennoch gegeben; nur bezieht er sich dabei auf seine Rolle als Schauspieler. In seiner Rolleninterpretation begreift sich Karyo in den Dimensionen von Energie und Dynamik und stellt sie in den Mittelpunkt eines theatralen Körperausdrucks.

Zweitens: Restriktion des Dekors, Freiheit des Spiels – Fabrice Luchini

In Abgrenzung zum körperlichen Spielentwurf werden sich die folgenden Abschnitte mit dem Spiel Fabrice Luchinis und Pascal Ogiers beschäftigen. In ihren Bezügen zu Dekor, Licht und Kostüm werden dabei zwei andere Rollenentwürfe von Schauspieler und Schauspielerin zu verdeutlichen sein, die sich auf den Umraum als szenischen und artifiziellen Raum beziehen. Wie Luchinis Spiel ganz eigene theatrale Züge entwickelt, zeigt das folgende Beispiel.

Spät abends. Octave hat Louise von der Arbeit abgeholt, sie wollen noch ausgehen. Er versucht, Louise in seinem Wohnzimmer zu verführen. Seine Tochter schläft, der Babysitter ist nebenan. Octave inszeniert sich vor ihr innerhalb eines bürgerlichen Lebensentwurfs ehelich-familiärer Verantwortung. Als ambivalent zeigt sich dieser Entwurf während Octave seine persönliche Freiheit und spielerische Art mit dem Leben umzugehen proklamiert. Er reichert ihn mit einem Don Juanismus an, ganz im Dienste der körperlichen Verführung. Dass er dabei auf naiv-jungenhafte Art mit den Frauen spielt, scheint sich seinem Bewusstsein zu entziehen. Dabei stilisiert sich Octave als das Gegenteil Rémis, des ‚homme physique'. Octave jedenfalls verspricht Louise, dass sie mit ihm ihr körperliches Begehren ausleben könne. Es kommt zu einem fast schon lächerlichen Gerangel, bis sie sich von Octave wegstößt. Zu einem letzten Versuch provoziert, präsentiert dieser sein Verlangen offen. In einer regelrechten Ode proji-

[124] Bernd Kiefer beschreibt dies als eine grundlegende Technik des ‚method' zur Erzeugung eines authentischen Ausdrucks. Siehe
Kiefer, Bernd (1998) „Method! – What Method? Heat!", in: *Schauspielkunst im Film.* [Erstes Symposium 1997], hrsg. von Thomas Koebner. St. Augustin: Gardez! Verlag, S. 107-123, hier S. 112.

ziert er Louise als Objekt seines Begehrens: es fallen Wörter wie *Amazone, wild, scheu, bestialisch.* Diese Stilisierung ist jedoch, wie im Folgenden deutlich werden wird, Teil der Selbstinszenierung Octaves und auf der Ebene des Spiels von Luchini auch eine Selbstinszenierung des Schauspielers. Dazu muss das Bild auf vier Ebenen in ihren Relationen betrachtet werden:

- auf der Ebene des Schauspielerkörpers,
- der Objekte bzw. des Dekors,
- des konkreten Raums im gesamten Bildfeld und
- der Übersetzung dieses Gesamtensembles in einem großen Spiegel.

Mise-en-Restriction

Die gesamte Szene ist in einer fixierten Einstellung gezeigt – ein Bild, das die Dynamik des vorangegangenen Gerangels nach Octaves Annäherungsversuch unterbricht. Das Bildfeld reicht bis zu Luchinis Oberschenkeln, eine Art amerikanischer Einstellung. Er hat sich am rechten Bildrand in Positur gestellt: aufrecht, nach links vorne der Kamera zugedreht, den Kopf leicht zur Seite geneigt, die Arme angelegt. Sein Blick fixiert Ogier im linken Bild- Off. Seine Arme hängen gerade herab, die Hände an der Hosennaht.

Die Objekte: Direkt hinter Luchini die Fläche des rechten geöffneten weißen Türflügels zum Nebenzimmer. Vor dem linken geschlossenen Türflügel steht auf einem Tischchen ein Strauß mit roten Blumen. Auf einem Kaminsims einige Objekte: Eine kleine braune Skulptur, ein hockender menschlicher Körper, der auf den Fußspitzen balanciert; das Schwarz-Weiß-Porträt einer Frau; ein Kerzenständer. Eine kleine Lampe ganz links auf dem Kaminsims mit orange leuchtendem Lampenschirm schließt das Arrangement ab.

Das gesamte Bildfeld teilt sich in drei große Bereiche: die rechte Bildhälfte wird durch die aufrechte Haltung Luchinis und die Fläche einer bis zur Decke reichenden Flügeltür in ihrer Vertikalität betont. Die linke Bildhälfte teilt sich in zwei kleinere Bereiche auf. Der weiße Kamin und ein direkt darüber angebrachter Spiegel bilden kadrieren ein visuelles Subensemble: der untere Bildbereich wird durch das Rechteck des Kamins bestimmt und durch dezente Ornamente im weißen Marmor strukturiert. Das obere Subensemble bildet sich im Spiegel über dem Kamin, darin der rückwärtig liegende Teil des Wohnzimmers.

Das Bild im Spiegel fügt dem szenischen Raum einen zweiten hinzu. Es entwirft eine Perspektive, in der sich der tatsächliche, durch den Kamerastandpunkt gezeigte Raum umkehrt: Hier ist die Rückseite der Skulptur, die des Fotos aber nicht und statt der Türe ein Fenster zu sehen. Dessen unterer Rahmen ist nicht sichtbar, was ihm jedoch den Charakter einer Tür verleiht. Durch halbgeöffnete weiße Vorhänge schimmert durchsichtig-blaugrünes Licht.

In diesem Spiegelraum ist Luchini von der anderen Seite im Profil ansichtig. Hinter ihm das abweisende Fenster ohne Aussicht, ohne Tiefe – eine Fläche. Es sieht aus, als wäre der Schauspieler gerade vor den theaterhaft drapierten Fenstervorhang getreten, um etwas darzubieten. Der abweisende Charakter des Fensters betont dessen Flachheit und hebt darin seine perspektivische Wirkung auf. Der Körper des Schauspielers scheint sich daran zu drücken, wie ein schüchterner Junge, der dem Nikolaus sein Gedicht aufsagt.

Bezogen auf das gesamte Bildfeld erscheint Luchini im Spiegel verkleinert in der linken Bildhälfte. Sein Körper wird durch den Rücken der sich im ruhigen Gleichgewicht befindenden Skulptur auf Bauchhöhe begrenzt. Der Schauspieler wird in einem dem Porträt ähnlichen Bildausschnitt gehalten. Außerdem ist der ‚Spiegel- Luchini' regelrecht eingeklemmt zwischen Vorhang und Skulptur, die beide eine Vor- oder Rückwärtsbewegung unmöglich erscheinen lassen. Das Arrangement im Spiegel hält Luchinis Körper regelrecht gefangen. Der dynamische Anteil des Schauspielers, sein minimales Spiel, ist im Raum des Spiegels nicht zu sehen, da er darin vor allem von hinten ansichtig wird. Luchini ist derart positioniert, dass Dekor und gebauter Raum als Restriktionen seines Bewegungsspiels erscheinen. Wir sehen einen Mann, gefangen in seiner körperlichen Statik, gefangen in einer mit Objekten und Vorstellungen ausgestatteten Welt.[125]

[125] An die bürgerlichen Vorstellungen von Liebe, Heirat, Familie und Heim erinnern die Objekte wie z.B. das Foto der Ehefrau, an der sich überhaupt die Diskussion über Liebe, Ehe und Freiheit zwischen Octave und Louise entspann.

Fluchtlinien

Die räumliche Position Luchinis richtet sich an den beiden bildgebenden Instanzen aus, die das Bild bestimmen: Spiegel und Kamera. In diesem Ensemble zeigen sich die räumliche Dynamik und Perfektion, mit der Rohmer seine Szenen baut. Es etablieren sich zwei Fluchtlinien: Die des tatsächlichen und des gespiegelten Raumes. Die Fluchtlinie des Spiegelraumes dominiert die des tatsächlichen Raumes.

Die klare Architektonik des Bildes wird regelrecht ‚verformt'. Vor allem Luchinis vertikale Körperhaltung und die Achse seiner Schultern betonen die Fluchtpunkte der Kameraperspektive. Luchinis Körperausrichtung folgt der Fluchtlinie in den Spielgeraum hinein. Fluchtpunkt dieses Anblicks wiederum ist der Zuschauer selbst, der in dieses perspektivische Arrangement hineinschaut.

Das Arrangement im Spiegel schafft eine visuelle Dynamik, die sich aus der vektorialen Dynamik der Linien ergibt. Es entsteht ein visueller Sog in den Spiegel hinein. Der tatsächliche Raum des Wohnzimmers und der Raum im Spiegel erzeugen ein Gesamtbild, dessen Räumlichkeit den des tatsächlichen Wohnzimmers übersteigt. Die Dynamik der Fluchtlinien wirkt verkleinernd auf den Körper Luchinis. Diese Art der Integration des Schauspielers in die architektonische und dekorative Mise-en-Scène lässt ihn zu einer regelrechten Spiel-Figur werden, die man ebenso aufstellen kann wie ein Foto oder eine Skulptur.

Das Zusammenspiel der beiden Schauspieler Luchini und Ogier ist hier durch das räumliche Arrangement deutlich unterbunden; die Anspielpartnerin Pascal Ogier/Louise ist nur als Imagination im Bild- Off präsent. Luchinis Blick geht in seiner Blickachse über die Barriere des Dekors hinaus und bezieht sich auf diesen Raum im Off als einzige Öffnung dieses ansonsten geschlossenen Arrangements.

Ökonomie und Freiheit des Spiels

Das Spiel Fabrice Luchinis verleiht dieser statisch erscheinenden Szene, die sich vor allem im Spiegelraum ereignet, dazu einen ganz eigenen Charakter, der sich zwischen visueller Statik und Sprechbewegung entfaltet. Luchini spielt seinen Octave mittels verbaler Rhetorik entlang seines Textes, den er mit minimaler Gestik durchsetzt.

Octaves Ode an Louise:[126]

Tu es la fille que je respecte le plus au monde.
Il y a quelque chose en toi de virginale,
un air d'amazone farouche qui subsiste en des pis tous.
J'ose pas de te toucher, je supporte pas que les autres te touchent.
L'idée que te savoir dans les bras d'un homme est insupportable,
la plus forte de raison des types que tu fréquentes...
qui sont d'une animalité pathétiquement bestiale.

Die linke Hand betont manchmal rhythmisch den Sprachduktus, wie bei einer Deklamation, bei der es auf Rhythmus und Aussprache ankommt.[127] Das Bewegungspotenzial der Arme wird durch deren Steifheit und die Körperhaltung zurückgehalten. Von Zeit zu Zeit reiben lediglich die Fingerspitzen der rechten Hand aneinander, als fühlten sie einen feinen Stoff, als wollten sie diesem Stoff in seiner sinnlichen Beschaffenheit näher kommen. Die minimalen Gesten sind weder rein funktional oder symbolisch. Sie erzeugen den Eindruck einer affektiven Beziehung des Schauspielers zu seinem Text. Der Schauspieler wird so zu einem Seismograph für die Schwingungen des Inhalts und des Rhythmus gesprochener Sprache.[128] Ein wahrer Schauspieler.

Dies wird auch in der Intonation des Monologs deutlich. Luchini referiert darin auf in der Schule aufgesagte oder im klassischen Theater deklamierte Texte. Die Sprachdarstellung und ihr Inhalt erlangen eine Anschaulichkeit, die die bild- und zeichenhafte Bedeutung der Gesten herabsetzt. Die bildnerische Stärke dieser Szene wird der Mise-en-Scène und der Figuration des Bildes überlas-

---

[126] Jede neue Zeile bedeutet eine Pause in der Deklamation.

[127] Vor allem wenn er sagt: *Il y a quelque chose en toi de...*

[128] Vgl. Cazals, Thierry / Toubiana, Serge (1988) „Les lois du rire et de l'émotion. Entretien avec Fabrice Luchini", in: *Cahiers du Cinéma*, Nr. 407-408 (1988), S. 47-50, hier S. 47.

sen.[129] Das Körperspiel ist reduziert. Der Fokus liegt hier nicht auf der expressiven, sondern auf der statischen Funktion des Körpers und der verbalen Äußerung als Schauspielakt. Luchinis Spiel richtet sich weniger an der eigenen Körperlichkeit aus, sondern an seiner Setzung im Raum und der rhythmischen Setzung der Silben. Darin zeichnet der Schauspieler verstärkt ein Bild, das nicht die Entstehung der Figur, sondern auch Luchinis Inszenierung als Theaterschauspieler vorantreibt.[130] In diesem Spiel wird der Schauspieler zu einem theatralen Element der Mise-en-Scène. Das private Wohnzimmer der Figur stilisiert sich zu einer Art Bühnenraum, aus dem der Schauspieler heraustreten kann. Diese Raumkonstruktion ist exklusiv für einen herausgehobenen Moment in diesem Film. Es ist nicht nur eine Schlüsselszene für die Konstruktion der Figur Octave, sondern auch für das Bild des Schauspielers Fabrice Luchini.

Luchini entwirft sich hier in seiner Typik als Schauspieler, dessen Darstellung sich vor allem aus dem Zusammenspiel von verbalem Akt und Gestik entfaltet. Die *Cahiers du Cinéma* stilisieren ihn auch dahingehend als theatralen Darsteller, als „acteur à texte“[131] – ein Schauspieler des gesprochenen Textes, der Tradition des Theaters verhaftet.

Diese Inszenierung des Schauspielers durch die Mise-en-Scène legt den Fokus aber auch auf das Moment der Mise-en-Scène an sich. Diese Inszenierung wirkt der Möglichkeit eines absolut freien Rollenentwurfs restriktiv entgegen. Dieses Moment ereignet sich in den geschaffenen Beziehungen zwischen dem Schauspieler und seinem Spiel, zwischen Dekor und Kamerastandpunkt (dazu gehören auch Größe und Blickwinkel der Einstellung). Die minimalistische Ökonomie des Körperspiels stellt sich in den Dienst der strengen Raumökonomie. Sprache, Gestik und Mimik verwalten die Energien des Darstellungsaktes. Die restriktiv erscheinende Mise-en-Scène visualisiert die Abhängigkeit des Schauspielers von der Figur und die Abhängigkeit der befangenen Figur von ihrer Umgebung – beides übersetzt sich in Momente von Inszenierung.

[129] Auch auf der inhaltlichen Ebene wird das audiovisuelle Sujet dieser Szene deutlich: hier wird modelliert, mit bildhauerischer Poesie eine Form, ein Bild geschaffen.

[130] Diese Identität ist Teil von Luchinis Image in der Öffentlichkeit. In Interviews betont er immer wieder, wie sehr er mit dem Theater verbunden ist.

[131] Bergala, Alain / Philippon, Alain (1984) „Eric Rohmer. La grâce et la rigueur.“, in: *Cahiers du Cinéma*, Nr. 364 (1984), S. 8-15, hier S. 11.

In seiner Selbstinszenierung ist der Schauspieler nicht einfach nur dekoratives Objekt oder rein geometrisch-figurative Funktion der Bildgestaltung. Im Gegensatz zur statischen Mise-en-Scène seines Körperspiels entwickelt Luchini in seinen Sprechakten, Gesten und seiner Mimik Elemente, die ihn ein Stück weit aus der Restriktion der Bildgestaltung entlassen. Sie stellen den Schauspielakt als Freiheit des Schauspielers im Umgang mit seiner Rolle als Figur und als Schauspieler dar. Diese Freiheit resultiert aus dem Verhältnis von Sprechakt und Bildkomposition. Hier wird nicht nur die Bedeutung der Figur, sondern auch die Identität des Schauspielers zum Dispositiv der Darstellung. Die Rollenfigur erweitert sich durch Eigenschaften des Schauspielers (hier nicht als empirische Privatperson verstanden) aus. Luchini selbst stellt dies als ein Element seiner filmischen Präsenz dar. Seine Arbeit für Theater und Kino vergleichend meint er:

> „Le métier d'acteur de théâtre a les mêmes vertus que le sport: respiration, fatigue, contrôle, conscience et économie du parcours... Au cinéma, ce sont les thèses absolument différentes: tu reviens, abandonnant tous ses efforts – je dirais musculaires – à la vérité de ta nature."[132]

Der Sprechakt als theatrales Element in Szene gesetzt, bietet die Möglichkeit der Freiheit des Schauspielers gegenüber einer solch streng durchkomponierten Bildinszenierung. Der Schauspieler überlässt das Bild seiner eigenen Natur dem Kamerablick.

Die eigene Wahrheit

Aber was bedeutet das, die ‚eigene Natur'? Es wird sich zeigen, dass diese Natur nicht ursprünglich ist. Ähnlich wie das Stereotyp entwickelt sich diese im wechselseitigen Verhältnis zur repräsentierten Figur. Die Figur bezeichnet dabei vordergründig den artifiziellen Anteil des Schauspielers. In diesem Verhältnis ist der Schauspieler abhängig von seiner Rollenfigur; aber die Figur ist abhängig von der Art und Weise, wie der Darsteller als Schauspieler sichtbar wird.

[132] Cazals / Toubiana 1988, S. 48.

Im Verhältnis von Mise-en-Scène und sprachlich-gestischer Darstellung entsteht ein Riss, der zwei Realitäten sichtbar macht. Ein Riss zwischen dem Dispositiv des Schauspielers Luchini und der Figur Octave. Dieser Riss visualisiert sich zwischen zwei ästhetischen Ebenen der Darstellung: Auf der einen Seite steht die Integration Luchinis in den Architekturraum des Filmbildes und die Fixierung seines körperlichen Ausdrucks. Darin verschwindet Luchini nahezu, indem er sprechendes Dekor, ein architektonisches Element des Bildfeldes wird – eine Figur, die aus ihrer Figuration im Bild entsteht. Auf der anderen Seite entsteht durch die sprachlichen und gestischen Schauspielakte eine Öffnung dieser Mise-en-Scène, die den Blick auf die (Selbst)Inszenierung des Schauspielers Luchini lenkt. So entstehen in der Inszenierung zwei Bilder, die miteinander korrelieren und auseinander hervorgehen: ein Bild von der Figur und ein Bild vom Schauspieler. Das Spiel und die Position im Raum übersetzen das verhältnismäßig kleine Universum der Figur auf der Leinwand auf eine Metaebene: die des Schauspielers und seines ‚theatralen Über-Ich', wie Nacache es nennt. In diesem theatralen Über-Ich liegt die Möglichkeit der Differenzierung von Schauspieler und Rollenfigur zugrunde.[133] Es ist fast schon eine Brecht'sche Distanz. Allerdings kann die Person des Schauspielers darin nie stellvertretend für die Figur funktionieren, wie es bei Brecht intendiert ist. Diese Distanz ist hier bereits Teil der Inszenierung einer Fiktion geworden. Kein Riss also zwischen einer fiktiven Figur und einer realen Person. Es ist eher ein Riss innerhalb der kohärenten Identität einer Person, weil in ihrer Erscheinung zwei Imaginationen bzw. Identitätsanteile mitschwingen: die Rollenfigur und die Figur des Schauspielers.

Die so genannte Wahrheit der Natur ist kein außerfilmisches Phänomen, das durch den Darsteller eingebracht wird. Weil sie sich erst in Prozessen der Visualisierung und Darstellung zeigt, ist die Wahrheit der Natur ein Resultat der Beziehung von figurativen Prozessen und Wahrnehmung. Luchini verbildlicht in seinem Spiel seine eigene, von ihm geschaffene ‚Natur' als Schauspieler. Ihr gegenüber realisiert sich die Rollenfigur Octave nur als eine Möglichkeit dieser Natur.

---

[133] Vgl. Nacache 2005, S. 102.
Nacache bezieht sich dabei nicht auf LES NUITS DE LA PLEINE LUNE im Besonderen, sondern auf den Schauspieler Fabrice Luchini im Allgemeinen.

Drittens: Die Geschichte einer Enthüllung – Pascal Ogier

Die Figur Louise fungiert im Monolog Octaves der eben besprochenen Szene als ein Modell und wird hier schon verbal präfiguriert. Dieser kurze Moment der Imagination der Figur Louise durch einen sprachlich-deskriptiven Akt ist jedoch nur ein Teil ihrer visuellen Modellierung. Sie entwickelt sich über den Verlauf des gesamten Filmes sukzessive anhand einer von Szene zu Szene fortschreitenden Enthüllung des Körpers von Pascal Ogier.

Wie eingangs des Kapitels beschrieben wurde, ist Ogiers/Louises Körper in der ersten Szene des Films in unspektakulär graue Kleider aus natürlichem Material wie Wolle und Baumwolle gehüllt. Ihr Körper ist zu erahnen, aber noch nicht explizit Thema der Darstellung. Zu Beginn der Verführungsszene zwischen ihr und Luchini/Octave[134] findet die erste Enthüllung statt: Ogier/Louise trägt einen glänzenden Plastikmantel, dessen künstliches Material an eine Schutzplane erinnert. Während sie langsam den Raum Richtung Sofa durchquert, zieht sie den Mantel aus und enthüllt damit ihre bloßen Arme. Als sie dann den breiten Schal auszieht, werden ihre entblößten Schultern sichtbar. Die Distanz der Kamera erlaubt, Louise von Kopf bis Fuß zu sehen. Sie trägt ein enges schwarzes Kleid, dessen Träger mit Reißverschlüssen vernäht sind. Es schmiegt sich eng an und betont die filigrane Linie ihres Körpers.

Es folgen Tanzszenen auf Parties. Während des ersten Tanzes, der sich direkt an die Verführungsszene anschließt, begegnet Louise dem unbekannten Bastien. Während der zweiten Tanzszene im letzten Drittel des Films nähern sie sich an und verbringen die ‚Vollmondnacht' miteinander. Die Tanzszenen beschreiben in ihrer Folge dynamische Figurationen eines begehrten und begehrenden Körpers. Das Ende der Vollmondnacht mit Bastien, eine der letzten Szenen des Films, bedeutet schließlich den Höhepunkt der Enthüllung:

Ogier/Louise liegt im Bett des Pariser Appartements, neben ihr schläft der Unbekannte. Alles ist Grau oder Weiß. Bilder an der Wand oder dezent gesetzte Objekte setzen minimale Farbakzente. Das Zimmer ist in ein bläulich-grünlich fahles Licht getaucht, von einer unsichtbaren Lichtquelle rechts unten geht weißes Licht aus. Am rechten Bildrand steht eine weiße, in antikem Stil angefertigte

[134] Ca. die 15. Minute des Films.

Säule, einem Sockel gleich. Ogier/Louise öffnet die Augen, sonst bleibt sie unbeweglich. Sie liegt auf der Seite, ihre nackten Schultern sind zu sehen. Sie schaut den schlafenden Lover an, setzt sich dann auf. Während dieser Bewegung enthüllt das herab gleitende Laken ihren nackten Oberkörper. Er gleicht nun einem Torso, begrenzt durch das locker drapierte weiße Tuch. Sie starrt vor sich hin. Keine Bewegung, kein Laut. Kleine Atembewegungen verraten, dass es sich hier nicht um ein Standbild handelt. Minimale Bewegungen folgen: ein umherwandernder Blick, das Wenden des Kopfes. Dann steht sie langsam auf, geht leise an der weißen Säule vorbei nach rechts zu einem Stuhl. Die Kamera schwenkt mit: ihr nackter Körper ist erst von der Seite zu sehen, wendet sich dann und gibt flüchtig seine Vorderansicht frei. Die Weiße der Haut leuchtet im fahlen Mondlicht. Sie dreht sich und zeigt den langen, schmalen Rücken. Ogier/Louise nimmt eine Tasche, wendet sich wieder um 180°: der unbekleidete Körper noch einmal kurz von vorne, weiße Haut, schwarzes Schamdreieck. Die junge Frau wendet sich zur Tür. Während sie aus dem Zimmer geht, noch einmal der nackte Körper von der Seite. An der Türe legt sie Mantel und Kleider über ihre Tasche, welche ihren Körper zu verdecken beginnen. Dann nur noch Resteindrücke: Kopf, Oberkörper, ein Arm. Der Körper verschwindet im Dunkel hinter der sich schließenden Türe. Es bleiben der schlafende Mann, die Säule, Türe, Sessel und darüber ein Bild in abstraktem Schwarz-Weiß.

Pascal Ogier begründet in dieser Szene einen Verkörperungsakt, der ihren Körper zum Sujet einer kinematografischen Modellierung macht. Verkörperung meint hier weniger die Identifizierung der Darstellerin mit der Rollenfigur wie im bürgerlichen Mimus, sondern das Zur-Verfügung-stellen des Körpers für dessen fast schon bildhauerische Bearbeitung durch Licht, Architektur, Dekor und Kostüm. Gegenstand dieser Szene ist die fortschreitende skulpturale Figuration der Schauspielerin. In der Mise-en-Scène ihres Körpers und seiner Beziehung zu Raum und Dekor verlagert sich die Wahrnehmung von einem theatralen Charakter (oder einer aus der Narration entstehenden Rollenfigur) auf die Figur als plastisches Ereignis.[135]

[135] Vgl. das Kapitel „Das Leben der marmornen Statue“ in Kappelhoff 2004, S. 117-124.

Die Figur: Körper und plastische Figuration

Mit Rousseaus *Pygmalion* – der Metamorphose einer marmornen Statue in den erotischen Körper einer fleischgewordenen jungen Frau vor den Augen Pygmalions – entwickelt Hermann Kappelhoff ein paradigmatisches Bild von Kinowahrnehmung. Im Wahrnehmungsakt Pygmalions vereinen sich Prozesse von Verwandlung und Vorstellung. Der Verwandlungsakt wird so paradigmatisch für den Wahrnehmungsvorgang im Kino: Die Transformation der Statue ist ohne den begehrenden Blick Pygmalions nicht möglich, denn ihm vollendet sich die Verwandlung der Statue zu einem Bild der begehrenswerten Frau.[136] Der Verwandlungsakt kann als symptomatisches Zeichen einer sich wandelnden Beziehung von Zuschauer und Bild gelesen werden. Das lebendige, fleischgewordene Bild spiegelt ja in seiner Lebendigkeit dessen Blick. Das Bild ist nicht mehr nur begehrtes Objekt, sondern visuelles Symptom des begehrenden Blickes selbst.

In unserem Beispiel findet im Grunde der umgekehrte Akt statt: die beginnende Verwandlung der Frau in eine Statue. Wobei das Begehrenswerte gerade in dieser Künstlichkeit liegt, und nicht in einer vitalen, fleischlichen Erscheinung. Eine andere Vorstellung von Frau, ein anderes Frauenbild. Für den Zuschauerblick gipfelt die Verwandlungsszene „in der Verwandlung der Bühne von einem Raum der Repräsentation in die Ganzheit eines Ausdruckstableaus".

Die Inszenierung Ogiers/Louises zeigt einen ganz bestimmten weiblichen Körper. Es ist die bildliche Umsetzung der Bedeutung ihres Körpers als begehrendes und begehrtes Sujet der Bilder, als Resultat von Imaginationen, die sich für den Zuschauer in einem Moment wie schockgefroren zu einem Bild kristallisieren. In der Vollmondnacht enthüllt sich nicht die Wahrheit der Schauspielerin, sondern vielmehr das Bild der traumwandlerischen Vorstellung einer (Traum)Frau.

Der Prozess der sukzessiven Enthüllung dieses weiblichen Körpers während des Films kann mit einer Entstehungsbewegung der Figur ‚Louise' gleichgesetzt werden. Die Szene der Vollmondnacht stellt eine regelrechte Apotheose

136 Ein Topos übrigens, mit dem in der westlichen Welt der Zustand des Verliebtseins identifiziert wird, was die immer wieder heraufbeschworene Verbindung von Kino und Liebe, den Topos der Cinéphilie hervorholt.

der Figur und ihrer Entstehung dar. Die Präsenz der Schauspielerin Pascal Ogier bzw. der Figur Louise entsteht als Teil eines architektonisch zu begreifenden, durch Linien, Flächen, Volumen und Körpern entstehenden Bildes.[137] Alle diese Elemente schaffen einen Bildraum, der sich erst in der Wahrnehmung dieser E-lemente realisiert, und für den die Idee der Architektur als Metapher dient.[138] Das Bild zeigt darin seine Gemachtheit und gleichzeitig braucht es einen Blick, der z.B. Objekte, Farben und Mauern als metaphorisch gemeinte architektonische Elemente sieht und von ihnen die Qualität alltäglicher Funktionalität abzieht. Also auch die Objekte haben im Verlauf des Films einen Wandel durchlebt von Gebrauchsgegenständen, über Designikonen hin zu Kulturrepliken oder sogar Artefakten.

Die Verbindung von Blick und Raum findet ihre Vollendung in der Vollmondnachtszene. Nur wird hier die Funktion des Dekors als reines Dekor in seiner filmtechnischen Gebrauchsfunktion auf eine figurativ-metaphorische Weise in einem Blick transzendiert. Körper und Dekor gehen im Bild eine Symbiose ein, die sich zu einer assoziativen Wahrnehmung der Figur Louise in der Vorstellung einer Skulptur verdichten (nackter Torso – Sockel – Akt) und mehr noch, in der Wahrnehmung zu einem Bild kristallisieren. Dieser Körper O-giers/Louises wird erst in diesem Raum hervorgebracht. Als die junge Frau aus dem Bild verschwunden ist, bleibt nur der Blick auf den leeren Raum. Er lenkt den Blick auf das dekorative Ensemble und spricht ihn von der Figur frei. Diese ist nur noch ein flüchtiges Nach-Bild.

Das Entstehen der Figur ‚Louise' im Blick der Zuschauers ergibt sich also aus der Figuration von Körper und Dekor in Licht und Raum. Dieser Prozess entspricht dem, was Nicole Brenez meint, wenn sie von einem Abstraktionsprozess spricht, aus dem heraus die Figur (‚personnage') im Film entsteht:

---

[137] Diese Ansicht verarbeiten auf unterschiedliche Weise vor allem Brenez 1998. sowie Kappelhoff 1994 und 2004. und Streiter 2002 und 2004.

[138] Ich übernehme hier einen Gedanken, den Hermann Kappelhoff in Bezug auf G.W. Pabst entwickelt.
Vgl. Kappelhoff 1994, S. 77ff.

> „Autrement dit, le personnage de cinéma résulte d'un ensemble de processus d'abstraction: ceux-ci peuvent être mis tout entier et de façon univoque au service d'une revendication de présence voire d'épiphanie, ils n'en informent pas moins la figurativité."[139]

Sehen bedeutet dann, einer Forderung der Wahrnehmung zu folgen, die gleichsam nach einer Präsenz des Sichtbaren verlangt. In Brenez' Ansatz zeichnet sich eine allgemeine Idee vom Sehen im Kino ab, die die Zuschauer als Teil des Figurationsprozesses miteinbezieht. Die Zuschauerwahrnehmung wird einerseits moduliert durch das, was auf der Leinwand sichtbar wird. Andererseits zeigt sich das Sichtbare auf der Leinwand von der Wahrnehmung dieser Zuschauer abhängig. Sehen bedeutet immer, nicht nur Offenbarungen beizuwohnen, sondern auch solche Offenbarungen zu wünschen und diesen Wunsch in das Sehen selbst hineinzulegen.[140]

Die Erscheinung der Figur im Modus einer Skulptur und die Präsenz der Schauspielerin im Modus eines Modells ist nicht rein das Ergebnis einer ikonisch-plastischen Mise-en-Scène des Schauspielerkörpers. Sie ist wie eine Offenbarung, weil im Enthüllungsprozess das Moment dieser Erscheinung als visuelles Versprechen von Anfang an angelegt wurde. Die Schauspielerin wird zu einem durch die Diegese zirkulierenden Topos, an dem sich die Figur ereignet und zu einem Bild verdichtet. Sichtbar bleibt eine geformte Allegorie auf Modevorstellungen von Weiblichkeit, Freiheit und Liebe, die in ihrer Bewegungslosigkeit nur noch als erstarrte Modelle für den Entwurf eines Selbst erscheinen.

Modell und Schauspielerin

Die Komposition des Bildes und die Inszenierung des Körpers begründen das Bild von der Schauspielerin und ihrer Anderen, der Figur. Die Rolle der Schauspielerin besteht darin, Modell zu sein für eine weniger wahrhaftige als einem Wirklichkeitsbezug entzogene Darstellung der Figur. Resultat ist zunächst

---

[139] Brenez 1998, S. 183.

[140] Dies ist allerdings kein Projektionsprozess ist, denn die Wahrnehmung der Zuschauer ist ja keine reine Projektion auf das, was auf der Leinwand sichtbar ist, wie im Pygmalion- Beispiel zu erkennen war.

ein künstliches Bild. Es reichert das Porträt von der Schauspielerin und Figur an, wie Anja Streiter es beschreibt. Denn

> „mit dem Begriff des Porträts verbindet sich der Anspruch auf Wahrhaftigkeit, Wirklichkeitsbezug, auf enthüllende Darstellung eines Wesenszuges. Das filmische Porträt sucht jedoch nicht die ‚Wesenszüge' (Aumont spricht von den ‚qualités profondes') der Schauspielerin, also des Modells zu enthüllen, sondern ‚Wesenszüge' einer Schauspielerin in einer Rolle, als einer Figur."[141]

Die Idee des Wesenszuges impliziert gerade etwas Tieferes, das sich einem „bewußten Bildentwurf ihrer selbst oder der fiktiven Anderen, der Figur, entzieht."[142] Streiter bemerkt, die Rolle im Sinne der Rollenfigur funktioniere dabei

> „als ein Dispositiv, über das der Darsteller oder die Darstellerin in ein Verhältnis zu sich gebracht wird, d.h. dazu gebracht wird, mit dem Abstand zwischen Sich und Sich zu spielen, der die ‚exzentrische Position' des Menschen ausmacht: so bezeichnet der Anthropologe Helmuth Plessner die spezifisch menschliche Situation, ein Körper zu sein und ihn gleichzeitig zu haben und, damit verbunden, ein Selbst zu sein, das es gilt, sich zu erarbeiten."[143]

Gerade an der Idee des Wesenszuges bleibt hier die Darstellung der Schauspielerin und der Figur auf dem Weg zum vollständigen filmischen Porträt einer Person hängen. Die besondere Eigenschaft des Wesenszuges hier ist das Ausbleiben des Wesenhaften zugunsten einer künstlichen, weil rein visuellen, einer bewusst gestalteten Erscheinung, die zu einem Bild (in diesem Falle einer jungen Frau) wird. Die Künstlichkeit ihrer äußeren Erscheinung bewirkt ja gerade ihre Eindrücklichkeit. In dieser bildnerischen Realisierung schließt sich der Spielraum und macht so ein bewegliches Spiel der Darsteller mit dem dynamischen „Abstand zwischen Sich und Sich" nicht mehr möglich.[144] Zurück bleibt der Eindruck eines verhinderten Selbst, weil das Körperhaben und Körpersein in einer Repräsentation hängen bleiben, die den Abstand zwischen Sich und Sich so groß erscheinen lässt, dass seine Pole, und damit der Abstand selber, nicht mehr sichtbar werden können.

---

[141] Streiter 2002, S. 3.
[142] Ebd.
[143] Ebd.
[144] Ebd.

Künstliche, soziale Räume

Pascal Ogier bezieht sich in ihrem Spiel auf einen hergestellten, vorab ausgestatteten äußerlichen Raum. In diesem Raum wird der Körper der Schauspielerin auf künstlerische Ausdrucksformen wie Tanz und Bildhauerei bezogen. Der Innenraum in LES NUITS DE LA PLEINE LUNE ist der Rahmen, der das artifizielle Bezugssystem des Spiels und der Präsenz der Schauspielerin förmlich darstellt. Dieses Bezugssystem referiert auf plastische und figurative Eigenschaften des filmischen Bildes, das in dieser Form Ausdruckseigenschaften von Tanz und Bildhauerei übernimmt.

Die Schauspielerin wird zur Mit-Erfinderin eines plastischen Bildraumes, weil sie sich auf den Raum als artifiziellen Bezug zur Figuration ihrer Rollenfigur bezieht, anstatt ihr Spiel als Referenz auf Psychologie und ein Inneres der Figur zu entwerfen. Die Innenräume funktionieren dabei als Identifikationsräume, sie werden zu einem „chambre à soi", wie Bonitzer über das Appartement Louises bemerkt.[145] Die Mise-en-Scène der Innenräume entwickelt eine Possessivkraft, die dem Spiel der Schauspielerin seine Handlungsdominanz entreißt und es in einen flüchtigen Zustand des Stillstands transformiert. Die Innenräume funktionieren in direkter Metaphorik zur Figur und nehmen auf deren plastische Erscheinung Einfluss. Die Schauspielerin übernimmt mit der Erscheinung ihres Körpers einen anderen Teil der metaphorischen Ausdruckskraft und zwar auf einer körperlich-figurativen Ebene, die an den Tanz erinnert. Beide zusammen figurieren einen gemeinsamen Ausdrucksraum, innerhalb dessen sich Figur und Schauspielerin ereignen. Dieser Raum ist als ‚Bildraum' begreifbar, wie Kappelhoff ihn für das Weimarer Kino beschreibt:

> „Jenseits der Repräsentation räumlicher Totalität steht ‚Bildraum' unmittelbar für den ästhetischen Erfahrungsmodus ein [...]."[146]

Dahingehend schafft die Präsenz der Schauspieler Ogier und Luchini in ihren hier beschriebenen Bezügen zu Kamera, Dekor und Kostüm einen Bildraum, der sich zwischen dem äußeren Raum der Handlung und einem inneren Raum, zwischen Figur und Zuschauerraum ausdehnt. In diesem inneren Raum

---

[145] Bonitzer 1991, S. 124.
[146] Kappelhoff 1994, S. 91.

kann sich schließlich die metaphorische Dynamik realisieren.[147] Das Spiel ist dabei nicht mehr äußerliche Beschreibung von Handlung, Dialog oder Charakter und noch viel weniger nach außen getragene Innerlichkeit. Die darstellenden Akte stellen letztlich einen Kunst-Raum des Austauschs dar und her.

Der soziale Raum der Begegnungen, Konfrontationen und Bezugnahmen in LES NUITS DE LA PLEINE LUNE ist ein Bereich der künstlich geschaffenen Bezüge und Topografien, der Modekonventionen und des Lifestyle. In diesem Zusammenhang funktionieren die Innenräume wie Prothesen einer unerfüllten zwischenmenschlichen Intimität. Die Achtziger Jahre werden als Zeit der Inszenierungen gezeigt, als Welt, in der Bewegung eine Aufeinanderfolge von fixierten Elementen ist, ein Gestenkonglomerat, das zu einem Image gerinnt.

Zusammenfassung

Der Standpunkt der Kamera ist grundlegend für ein Verständnis der filmischen Beziehung zwischen Schauspieler und Figur. Denn durch die Kamera wird das Beziehungsnetz zwischen schauspielerischen Aktionen und Handlungen fiktiver Figuren, physischer Darstellung und körperlicher Repräsentation etc. sichtbar, aus dem die Filmfiguren entstehen. Die Relation der spezifischen Physiognomik der Schauspieler und der Inszenierung der fiktionalen Figuren ließ sich in PAULINE À LA PLAGE direkt aus der kadrierenden Eigenschaft der Kameraperspektive entwickeln. Dort war das Bild Bezugsrahmen für die schauspielerische Darstellung und die Konstruktion einer sozialtypischen Gruppe. War dort noch die Bildung des sozialen Ensembles im Mittelpunkt der Figurenkonzeption, so erscheinen die Schauspieler und Figuren in LES NUITS DE LA PLEINE LUNE isoliert voneinander. Hier wird deutlich, wie Architektur, Dekor und Kostüme innerhalb des Bildes zum Bezugsrahmen einer Figurenkonstruktion werden, die sich weniger auf soziale Interaktionen des Ensembles stützt, sondern auf die Visualisierung bezugslos werdender zwischenmenschlicher Beziehungen. Durch die wachsende Isolation der Figuren werden Körperhaltungen zu

[147] Vgl. Kappelhoff 2004, 320f.

Posen, die im Bild zu durch Licht, Dekor und Kostüm zu plastizierten Körperbildern werden. Die Interieurs sind weniger Beschreibungen sozialer Orte, sondern dienen vielmehr der Exposition der Figuren sowohl auf der narrativen wie auch der visuellen Ebene.

Offensichtlich stellt sich die Präsenz der Doppelidentität Schauspieler/Figur in der Inszenierung dar. Daher wurde für den analytischen Blick der Begriff der Mise-en-Scène im Zusammenhang mit LES NUITS DE LA PLEINE LUNE wörtlich genommen. Mise-en-Scène ist dabei weniger Resultat, sondern ein Vorgang des In-Szene-Setzens oder In-die-Szene-Stellens der Schauspieler. Dabei kann die Szene im ursprünglichen Sinne als (Bühnen)Raum verstanden werden – in Frankreich wird die Bühne des Theaters als *scène* betitelt. Indem sich die Darsteller auf diese Art des szenischen Raums beziehen, setzen sich auch in ihrem Spiel in ein Verhältnis zu ihrer eigenen Rolle als Schauspieler.

Als Bezugsgrößen dieser Relationen fungieren hier die Körper der Darsteller, der Architektur- und Dekorraum und deren Verhältnisse zueinander, die sich aus dem Spiel entwickeln lassen. Das Entstehen der filmischen Figur wurde hier in drei Arten ersichtlich, in denen die Schauspieler einen Bezug mit dem Raum eingehen: Der sich vom umgebenden Raum abgrenzende Körper wird zum Spielraum der dynamischen Energie des Schauspielers Tchéky Karyo; über den Akt der theatralen Deklamation stellt sich Fabrice Luchini derart dem Raum eines Wohnzimmers zur Verfügung, dass der Schauspieler Teil des Dekors und architektonischen Bildaufbaus wird; Pascal Ogiers Erscheinung wird in Licht, Dekor und Kostüm derart modelliert, dass sie als plastische Erscheinung Teil eines immer artifizieller werdenden Raumes wird – einer Skulptur gleich, aus deren immer dichter werdenden assoziativen Beziehung zu ihrem Ausstellungsraum ihre Zustandsbeschreibung hervorgeht. Eine Unterwerfung der Identität der Schauspielerin unter das Bild der modischen jungen Frau.

Diese Art der Figuration von Figur und Schauspieler werden die Räume als artifizielle Szenen-, Bühnen- oder Ausstellungsräume qualifiziert. Die Schauspieler werden förmlich in diese Räume hineingesetzt oder fügen sich mit ihnen zusammen. Die Rahmenbedingungen ihrer Mise-en-Scène wie Körper,

Architektur- und Dekorraum werden gleichermaßen zu Rahmenbedingungen der Figuren. Die Verknüpfung der beiden Teilidentitäten ‚Figur' und ‚Schauspieler' findet auf der Ebene ihrer figurativen Erscheinung im Bild statt.

Mit ihren darstellerischen Aktionen ihrer Körper entwickeln die Darsteller in der Inszenierung ein Spiel, aus dem die Schauspieler in den Modi affektiver Körper und nicht als Ausdruck eines Stereotyps sichtbar werden. Nicht die signifikante Bedeutung, sondern die verschiedenen dynamischen Möglichkeiten zu einem Teil der Mise-en-Scène zu werden bestimmt die Schauspieleridentität, die sich dem Zuschauerblick erschließt. In PAULINE À LA PLAGE ließ sich das filmische Bild über die Statik von Kadrierung in seiner raumbegrenzenden Einheit verstehen. Im Vergleich dazu erschließt sich das Bild in LES NUITS DE LA PLEINE LUNE als dynamische Einheit, aus der weniger stereotype Konzepte konstruiert und soziale Beziehungen choreografiert, sondern Räume und Körper erarbeitet werden.

SPIELEN, WARTEN UND WAHRNEHMEN: LE RAYON VERT

Am Rand der Konventionen

„Man erfindet nie etwas aus dem Nichts. Es gibt immer einen Ausgangspunkt in der Realität.“[148]

Wie lässt sich dieser Ausgangspunkt ausmachen, der uns zur Realität führt, mit welcher Perspektive lässt er sich identifizieren? Wie bekommen die Dinge ihren realen Charakter, und ist es im Kino nicht auch der Glaube der Zuschauer an das, was sie sehen, der sie an die Realität bindet?

Die vorangegangenen Kapitel zeigten, wie sehr das Bild der Schauspieler aus der Ästhetik des Bildes bzw. der Raumbeziehung entsteht. Es wurde aber auch deutlich, dass die kinematografische Schauspieleridentität der dynamischen Ökonomie der Relation von Darsteller und Rollenfigur entspringt. Die gesamte Mise-en-Scène dient dabei als ästhetisch-formales Bezugssystem, dessen Ökonomie das Spiel und die Erscheinung von Schauspieler und Figur strukturierte. Aber nicht nur die Mise-en-Scène, sondern auch die Organisation der Erzählung oder der Ereignisse kann ein ökonomisches Bezugssystem darstellen. Waren in den vorangegangenen Szenenanalysen Kamera und Physiognomie, Dekor und Architektur die Bezugsrahmen der Figureninszenierung und Identität der Schauspieler, so wird es in der Auseinandersetzung mit LE RAYON VERT das dialogische Improvisationsspiel sein, das in Relation zu Narration und Dramaturgie gebracht wird. Im Fokus steht hier hauptsächlich das Spiel einer Schauspielerin – Marie Rivière.

[148] Eric Rohmer während eines Interviews mit Marcus Seibert, in: *Revolver*, Heft 11, 2004, Frankfurt/Main: Verlag der Autoren, S. 7-26, hier S. 11.

Die Ausgangssituation

In PAULINE À LA PLAGE verläuft die narrative Dynamik analog zur festen Figurenkonstellation. Aus ihr werden eng miteinander verwobene Konflikte erzeugt und dementsprechend die Organisation der Handlung und Erzählung mitbestimmt. Die Hin- und Herbewegung, die LES NUITS DE LA PLEINE LUNE zu Grunde liegt, beginnt, ein eng kausal verwobenes Handlungsgewebe aufzulösen. Das Ende des Films ist nur der Anfang eines weiteren Kreislaufs. LE RAYON VERT geht in dieser Hinsicht noch weiter. Ein eng geknüpftes Figuren- und Schauspielerensemble ist hier nicht mehr gegeben. Der Film konzentriert sich ganz auf eine Figur: Delphine (Marie Rivière), über die Alain Bergala sagt, ihr passiere während anderthalb Stunden rein gar nichts.[149]

Delphines Ausgangssituation wird in den ersten Minuten des Films begründet, als diese von einer Freundin eine Urlaubsabsage bekommt:

Stadtrauschen. Zwei Sekretärinnen in Sommerkleidern unterhalten sich; durch das Fenster des Büros glänzt ein sonnig-staubiger Tag. Ein Telefon klingelt, es wird nach Delphine gerufen. Diese geht an den Hörer, beglückwünscht die Person am anderen Ende der Leitung. Kurz eifriges Maschinenklappern einer der Kolleginnen, die sich dann weiter über das Wetter, den Sommer und guten Urlaub unterhalten. Delphine sagt zur Person am anderen Ende der Leitung, sie könnten ja zu dritt fahren, hört zu und knallt dann den Hörer auf.

Die Zeit der großen Sommerferien in Frankreich: Paris ist leer, jeder mit Familie oder Freunden im Urlaub. Delphine hat jetzt nichts mehr vor und niemanden, mit dem sie wegfahren könnte. Selbst ihre Liebesbeziehung ist beendet. Sie macht sich auf die Suche nach Urlaubsgefährten. Die Unterbrechung der allgemein festgelegten Parameter ihres Lebens, eine Partnerschaft oder geplante, alljährliche Sommerurlaube, markiert die Ausgangssituation, in der sich die Protagonistin befindet.

[149] Bergala, Alain (1986) „Retour à Stromboli“, in: *Cahiers du Cinéma*, Nr. 387 (1986), S. 23-24, hier S. 23.

Ein Grundzustand

Delphine scheint sich nicht ganz wohl zu fühlen mit den anderen, ist oft allein und immer ein bisschen anders. Sie isst kein Fleisch, geht nur alleine schwimmen, kann weder schaukeln noch Segeln noch surfen, weil ihr schlecht wird. Nach fünf Tagen mit der Familie einer Freundin in der Normandie kehrt sie wieder nach Paris zurück. Von dort bricht sie erneut zu einem neuen Ferienort auf, kehrt abermals zurück, immer getrieben von der Suche nach dem diffusen Moment der Verwirklichung ihrer Vorstellungen. Sie sucht nicht nur den Urlaub ihrer Vorstellung, sondern auch die Liebe, eine Begegnung mit einem Mann. Der hier skizzierte Ausgangspunkt beschreibt die existenzielle Lage der Figur, die sich in dieser gesamten Form jedoch erst über die Sicht des ganzen Films hinweg konstituiert.

Die Grundsituation der Figur äußert sich in deren Entfernung von zwei Ebenen des alltäglichen Lebens – des Sozial- und Gefühlslebens. Äußere Auslöser und Anstoß dieser Offenbarung sind die Absage der Freundin und der Umstand, dass Ferienzeit ist. Beides stellt auf der inhaltlichen Ebene eine Unterbrechung der emotionalen und sozialen Gewohnheiten der Figur dar. LE RAYON VERT beschreibt eine Reise, die eigentlich eine Suche ist. Die Hin- und Her-Bewegung, die der Erzählstruktur von LES NUITS DE LA PLEINE LUNE zugrunde liegt, übersetzt sich hier in eine sich beständig fortschreibende Suchbewegung. Diese Suchbewegung zeichnet eine Topografie der bekanntesten französischen Urlaubsorte, Stationen typisch französischer Sommerferien. Delphine geht zwar an diese Orte der Sommerzerstreuung, bewegt sich aber am Rande von deren Unterhaltungs- und Verhaltenskonventionen. Zum Sonnen behält sie ihren Badeanzug an. Sie mag keine Bikinis und schon gar nicht das freizügige Oben-Ohne junger Schwedinnen. Das Wellenbaden der Massen in Biarritz beobachtet sie mit einigem Abstand, geht schwimmen, wo die anderen nicht schwimmen, flüchtet vor einem urlaubstypischen Flirt, den eine Schwedin organisiert. Die Suche Delphines verläuft in negativer Abgrenzung zu dem, was die anderen machen oder denken. Sie hat ihre eigene Überzeugung, glaubt auf ihre eigene Art an die Karten, aber nicht wirklich an das Horoskop. Sie entwickelt scheinbar ihren eigenen magischen Aberglauben, der sich vom populären Alltagsaberglauben ihrer Freundinnen distanziert.

Die Bühne der Inszenierung von Konventionen in PAULINE À LA PLAGE wird hier verlassen. Der Blick auf diese Bühne sozialer Konventionen geschieht von deren Rändern aus. Die folgende Analyse geht von einem Äquivalenzverhältnis zwischen der Grundsituation der Figur und der Grundsituation der Schauspielerin im Spiel aus. Wie sich zeigen wird, spielt Rivière am Rande eines variablen Schauspielerensembles, es gibt nur momentane Anspielpartner oder spielerische Begegnungen. In vielen Szenen ist sie allein – wenn auch manchmal allein unter vielen. Die Schauspielerin erscheint nicht so sehr in der Beziehung und Differenz zu anderen Ensemble-Darstellern (wie in PAULINE À LA PLAGE), sondern in ihrer Differenz zu ihrer Anderen, der Figur.

Erzählmöglichkeiten

Film der Erwartung

Die Absage der Freundin ist nicht Ursache, sondern nur beliebiger Anstoß für eine Suche. Sie kommt unerwartet und ohne Grund. Das Plötzliche, der Bruch, ist willkürlich und zufällig. Die Willkürlichkeit, das Zufällige des Beginns der Suchgeschichte und die Parallelisierung ihres Anfanges mit dem tatsächlichen Anfang des Films lässt Erzähltes als konstruiert erscheinen. Gleichzeitig macht sie die Gemachtheit der Anfänge und Enden von Erzählungen grundlegend wahrnehmbar.[150] Der Filmanfang ist nicht im Sinne einer narrativen Exposition, sondern als beiläufiges Ereignis inszeniert. In der gesamten Struktur des Films lässt sich nicht so sehr eine enge dramaturgische Verknüpfung der Handlungsstränge erkennen, sondern eine lose zusammengebrachte Abfolge von Situationen. Es folgt Episode auf Episode, jede tagebuchartig ein-

---

[150] In diesem Sinne ist jeder Filmanfang und jedes Filmende eine Konstruktion und als Bruchstelle zu verstehen, an der zwei Wirklichkeiten aufeinanderprallen: z.B. die des Films und die des Zuschauers, der noch nicht vollkommen in den Film eingetreten ist. Dies ist fast schon programmatisch an den meisten Anfängen und Enden der Filme Rohmers zu beobachten.

geleitet durch handgeschriebene Datumstafeln. Daraus ergeben sich sieben aneinander gereihte große Zeitblöcke, die jeweils aus einem Tag oder mehreren aufeinander folgenden Tagen bestehen.

Alain Bergala spielt in seiner Äußerung, dass der Figur nichts passiere, mit einem Vergleich der Figurensituation mit der Dramaturgie einer ‚klassischen' Narration. Das Gewicht der Erzählung ist möglichst reduziert und von einer den Ereignissen übergeordneten Dramaturgie oder narrativen Verknüpfung und Stringenz erleichtert. Es gebe keinen dramaturgischen Fortschritt, sondern eher eine ‚metonymische Wiederholung', so Bergala.[151] Als dramaturgisches Gerüst bleibt die Abfolge und Wiederkehr der Ereignisse und der Zustände des Wartens, des Weinens, zaghafter Artikulationsversuche und des Reisens.

In der Erzählhaltung und Wiederholungsstruktur des Films sieht Bergala die große Nähe zu Roberto Rossellinis Filmen STROMBOLI und VIAGGIO IN ITALIA; und Rossellini sagt selbst über seine Filme:

> „Je sais combien une attente est importante pour arriver à un point, alors je ne décris pas le point, mais l'attente, et j'arrive tout d'un coup à la conclusion."[152]

Die Lösung der Erwartung kommt plötzlich und unvorbereitet. In Anlehnung an dieses Zitat Rossellinis, das einem Interview mit Eric Rohmer entstammt, bezeichnet Bergala LE RAYON VERT als einen „film de l'attente" – einen Film der Erwartung. Es ist aber auch ein Film des Wartens, sowohl auf der Ebene der Figur als auch auf der Ebene des Zuschauers. LE RAYON VERT zeigt das Warten auf eine echte Begegnung, auf den richtigen Mann, den richtigen Zeitpunkt und das Warten auf den Moment, in dem alles Gesehene aufgeht. Der Film erzählt das Warten auf die Ereignisse, auf die Ereignung einer Geschichte und einer Figur. Für die Zuschauer entsteht die Figur erst mit dem Film. Die Zeit des Films selbst stellt dabei einen Verlauf des Wartens und der Erwartung dar.

Die Dynamik der Abfolge von Situationen ergibt sich aus zufälligen Optionen, die das Warten zu einem Parcours durch populäre französische Urlaubsorte machen. Die Konsequenzlosigkeit dieser Situationen für die Erzählung macht

---

[151] Bergala 1986, S. 24.
[152] Ebd.

sie jedoch zu folgenlosen und einander wenig beeinflussenden Ereignissen. Der Punkt, an dem die Suchbewegung stillsteht, ist Delphines Begegnung mit Jacques (gespielt von Vincent Gauthier) am Ende des Films. Die Erwartung Delphines erfüllt sich im gemeinsam erlebten grünen Leuchten. Es ist jedoch nur von kurzer Dauer. Das tatsächliche Ende des Films sind die Schlussbilder des dunkler gewordenen Meeres, in denen sich die Farbspektren zu Schattierungen von Brauntönen zusammengefunden haben, aus denen sie nur noch teilweise ausbrechen.

Aufdecken statt erzählen

Dem Zuschauer offenbart sich in dieser Art von Erzählbewegung sukzessive die Grundsituation der Figur Delphine. Auf diese Grundsituation bezogen werden Handlungen und Orte zu Stationen einer übergeordneten Gesamtsituation. Diese offenbart sich sukzessive, aber auch am Ende des Films nicht vollkommen. Prinzip dieser Dynamik scheint das zu sein, was Deleuze mit der so genannten kleinen Form meint:

> „Hier deckt die Handlung die Situation beziehungsweise ein Stück oder einen Aspekt davon auf, was wiederum eine neue Handlung auslöst. Die Handlung läuft blind ab, und die Situation enthüllt sich im Dunkeln beziehungsweise in der Zweideutigkeit. Von Handlung zu Handlung wird die Situation erst allmählich sichtbar, verändert sich, liegt schließlich offen zutage oder bewahrt ihr Geheimnis.“[153]

In der kleinen Form deckt sich die Erzählung während ihres Verlaufs selbst auf. Deleuze sieht in dieser Form eine Wirklichkeit gegeben, die nicht absolut ist, und die Möglichkeit begründet, dass diese Form des kinematografischen Aufdeckens als „'schöpferische Interpretation der Wirklichkeit'“ funktionieren kann.[154] Aber selbst diese Form wird aufgebrochen, weil ja gerade nie die ganze Situation sichtbar wird. LE RAYON VERT knüpft mit dieser Form an das neorealistische und dokumentarische Kino an, wie es nach dem zweiten Weltkrieg an die Oberfläche der kulturellen Landschaft drängte.

[153] Deleuze 1998, S. 217.
[154] Deleuze 1998, S. 222.

Allerdings bezieht sich Deleuze an dieser Stelle seiner Kinostudie auf einen Handlungsbegriff, den er dem Aktionsbild zuschreibt. Mit ihm beschreibt Deleuze ein Kino des so genannten Bewegungsbildes, in dem die einzelnen Handlungen oder Ereignisse Bedeutungseinheiten einer größeren Erzählung sind, auf die sich ihre Verknüpfung bezieht. In LE RAYON VERT dagegen erschöpft sich die Handlung in einem losen Ablauf von Situationen und emotionalen Momenten der Figur. Eigentlich gibt es keine äußere Handlung im klassischen Sinne, keinen Plot, in dessen Dienste sie steht. Von Handlung im konservativen Sinne kann nicht mehr die Rede sein. Der Verlauf der Ereignisse ist eine Akkumulation von Zustandsbeschreibungen, die durch die Reisebewegung verbunden werden. Diese Wahrnehmung rückt LE RAYON VERT in die Nähe von Roberto Rossellinis Film VIAGGIO IN ITALIA, über den ein Kritiker 1958 schreibt:

> „There is barely any plot, but an accumulation of small details, without apparent links, caught by the camera in the same way as a writer would take down notes day by day.“[155]

Ähnlich wie Katherine (Ingrid Bergmann) in Rossellinis Film ist auch Delphine auf ihrer Reise durch die Orte wie eine Touristin: einerseits berührt, andererseits auch immer fremd und isoliert. Die Wahrnehmung der Figur kann sich nicht mit ihrer Umgebung vereinigen. Angesichts dieses Erlebnishorizonts lässt sich das Spiel Marie Rivières als eine Abfolge von Zuständen beschreiben.

Das Auflösen der engen Beziehungen zwischen Figur und Umwelt, Handlung und Umgebung kennzeichnet den Moment, den Deleuze als „Krise des Aktionsbildes“ beschreibt. Sie ist mit der Wegführung von Handlungsschemata zu neuen, offeneren Ereignisstrukturen verbunden, welche in ihrer zeitlichen Ausdehnung betont werden und darin ihre Räumlichkeit verändern. Das Ereignis hier ist das Werden der Figur, wie es der Intensität der Beziehung zwischen Rivière und ihrer Figur Delphine entspringt.

Hintergründig lässt sich LE RAYON VERT auf ein Kino beziehen, das Deleuze im eigentlichen Sinne meint, wenn er von dieser Krise ausgehend das Kino der Zeit und des Werdens beschreibt. Deleuze zeigt, wie aus der neuen Er-

---

[155] A.T. (1958) „Viaggio in Italia“, in: *Monthly Film Bulletin,* (London), Nr. 290 (1958), S. 33.

zählweise eine neue Art von Schauspielern hervorgeht.[156] Situationen, nun von der konventionellen Narration gelöst, schaffen eine neue Art von Spiel. Ist es vielleicht auch die neue Art des Spiels, die Art und Weise des schauspielerischen Verhaltens der Darsteller gegenüber ihren Figuren, das eine andere Form der filmischen Gesamtsituation schafft?

Spielweisen

Eine Gesprächssituation

Ein eisernes Tor in einer Steinmauer, dahinter Vororthäuser und Bäume, Stadtrauschen, Vogelgezwitscher, ein Hahn kräht – irgendwo in der Pariser Banlieue. Das nächste Bild, zeigt eine junge Frau an einem Tisch sitzend. Sie trägt ein schwarzes Top, einer der breiten Träger fällt locker über ihre Schulter, die oberen Knöpfe sind geöffnet. Es ist eine Freundin Delphines. Die junge Frau streichelt eine schwarze Katze auf ihrem Schoß. Sie sitzt am linken Ende des Tisches, auf dem Kaffeeschalen, ein paar Pflaumen und Waffeln stehen. Aus dem Off eine Frauenstimme:

> *„Eh moi, je suis parti à Florence toute seule. Alors, POURQUOI tu ne part pas toute seule?!“*[157]

Der nächste Schnitt zeigt die Sprecherin, am rechten Tischende sitzend und mit einer energischen Bewegung des Oberkörpers das Gesagte unterstreichend. Die junge Frau trägt eine rote Bluse, hat wilde Locken, eine kräftige Stimme und redet in provozierendem Tonfall auf die links neben ihr sitzende Marie Rivière/Delphine ein. Es ist Béatrice Romand, bereits bekannt als Rohmer-Schauspielerin.[158] Der Tisch begrenzt die Oberkörper der Frauen und zeigt sie so in der typisch-klassischen Körperkadrierung der Nahaufnahme. Rivière/Delphine lutscht an einer Pflaume, hört zurückhaltend zu und schaut Ro-

---

[156] Deleuze 1999.

[157] Der Dialog ist direkt dem Film entnommen, da in der Drehbuchfassung die alltäglichen Redelaute Zusätze, Wiederholungen und das Stottern nicht wiedergegeben sind.
Vgl. Rohmer, Eric (1999) *Comédies et proverbes*, Vol.2, Paris: Cahiers du Cinéma, S. 64-70.

[158] LE GENOU DE CLAIRE (1970) und LE BEAU MARRIAGE (1982).

mand/Béatrice an. Sie zögert, sucht nach Worten, schüttelt leicht den Kopf und antwortet:

> *„Parce que ça me dérange pas.“*

Während Rivière/Delphine erklärt, schon einmal allein im Urlaub gewesen zu sein, was wirklich nicht so schön gewesen sei, zeigt ein weiteres Bild die vierte der jungen Frauen. Auch diese in der oben beschriebenen Kadrierung am Tisch. Sie trägt eine hellgrüne Schleife im lockigen Haar, ein pastellgrünes Oberteil, dessen Ausschnitt über eine Schulter fällt und um den Hals eine pastell-bunte Kette aus Plastikkugeln. Hinter ihr weiße und grüne Wäsche auf einer Schnur, Sonnenflecken auf einer Mauer, grüne Büsche. Es ist Rosette, die in PAULINE À LA PLAGE die Erdnussverkäuferin Louisette spielte. Sie trinkt Kaffee und hört zu. Béatrice Romand/Béatrice:

> *„Mais c'est merveilleux de partir toute seule!“*

Es folgt ein Schnitt zurück auf Rivière/Delphine und Béatrice Romand/Béatrice, die permanent fragt, WARUM Delphine dies oder das nicht wolle mache oder könne.
Rivière/Delphine mit leiser Stimme, fahrigen Gesten doch energischer als zuvor:

> *„Mais, tu rigole ou quoi.* [Romand/Béatrice setzt zu sprechen an, die Kamera fährt auf Rivière/Delphine zu] *Moi... je l'ai fait, je suis allée à Nice une fois, eeh... je trouve ça... eh, je trouve ça inhumain..“*

Ab jetzt ist Rivière/Delphine allein im Bild, aus dem Off kommen Bemerkungen, Vorschläge und die herausfordernden Fragen der anderen Frauen über ihre Einsamkeit. Sie hört zu, lacht unsicher, lutscht an ihrer Pflaume und blickt hin und her zur jeweiligen Sprecherin.

Diese ersten Minuten zeigen nicht nur die Porträts vier junger Frauen in den achtziger Jahren, die in Mode, Haltungen und Meinungen ganz ihrer Zeit verhaftet sind. Sie zeigen auch die Entwicklung einer spontanen Gesprächssituation vier junger Frauen (mehr oder weniger Freundinnen), die sich an einem Sommernachmittag zum Kaffeetrinken treffen. Mit der filmischen Umsetzung – d.h. den Einstellungsgrößen und reduziertem Schnitt – fokussiert diese Inszenierung des Gesprächs die Art und Weise der filmischen Repräsentation, in der die Schauspielerinnen ihre Figuren entwerfen und entstehen lassen: Die Kadrierung zitiert prototypisch eine klassisch in Schuß-Gegenschuß inszenierte Dialogsituation. „Das hier ist ein Dialog!“ scheint die Mise-en-Scène gleich zu Beginn zu verkünden. Hier stehen die verbalen Äußerungen, die Sprechakte der Schauspielerinnen im Mittelpunkt der Szene. Die Kadrierung konzentriert sich auf die Gesichter, die Hände und Blicke. Intonation, Mimik, Pausen und verbales Zusammenspiel bilden die Figuren; der Inhalt des Gesagten markiert deren Intentionen. Auch wenn die jeweils anderen Frauen nicht im Bild sind, sind sie doch anwesend, etwa durch einen Arm, der ins Bild kommt, um nach der Kaffeekanne zu greifen, durch einen gleichmäßigen, zurückhaltenden Schwenk, ein Kichern oder Murmeln. Im klassischen Handlungssinne passiert tatsächlich nichts außer einem alltäglichen Gespräch. Keine neuen Informationen, kein Ereignis, sondern nur ein Vorschlag, eine Möglichkeit, deren Realisierung noch offen steht. Erst in der darauf folgenden Sequenz (ein neuer Tagebuchabschnitt) befinden sich Delphine und eine der Freundinnen an der Promenade in Granville – Delphine hat das Angebot der Freundin angenommen, mit deren Familie in den Urlaub zu fahren.

Das Spiel konzentriert sich ganz auf sich selbst als Spiel. Es muss kein Ereignis produzieren und keiner externen Dramaturgie folgen. Die Aufmerksamkeit liegt auf dem Spiel als Artikulationshandlung und als mimisch-dialogische Interaktion der Schauspielerinnen.

Interaktion und Rollenverteilung

Die eben beschriebene Szene führt noch weiter. Nachdem die bildgestalterische Markierung ‚Gespräch' formal entlang des klassischen Regelkanons gesetzt wurde, beginnen sich die Bilder langsam von dieser Inszenierungsform zu lösen. Sie zeigen nicht immer die Sprecherin, bewegen sich zwischen den Frauen hin und her und haben in dieser Bewegung ihre eigene Dauer.

Kein Schnitt unterbricht den Fluss dieser Einstellung: Rivière/Delphine war bislang alleine im Bild; erst als Sprechende, dann als Zuhörende. Nach einigen Schwenks sind wieder Rivière/Delphine und Romand/Béatrice gemeinsam im Bild. Es entwickelt sich eine erhitzte Diskussion. Die Einstellung bleibt, es schwenkt lediglich die Kamera gleichmäßig zwischen Romand und Rivière hin und her, fährt auf sie zu oder wieder weg, nimmt beide ins Bild oder isoliert sie voneinander.

Béatrice Romand/Béatrice jetzt sehr laut:

> „*Il faut en sortir! Et nous, on est tes amis! Nous, on est là pour t'aider!*"

Marie Rivière/Delphine, jetzt lauter, parallel dazu:

> „*No, no... mais... ne... ne pousse pas mon cas...*[die Kamera schwenkt zu ihr, fährt an sie heran] *...ne pousse pas mon cas à l'extrême! Je ne suis pas triste, je... je... je... tout va bien.*"

Romand/Béatrice fällt ihr aus dem Off ins Wort:

> „*Mais il faut pousser le choses à l'extrême pour ohm... pour, pour crever l'abcès parce que c'est pas possible de vivre comme ça!*"

Rivière/Delphine, immer noch im Bild, redet ihr dazwischen, ruhiger, die Kamera nun nah auf ihr:

> „*Mais eh...tu ne me... tu ne me connaît pas, tu ne me connaît pas.*"

Romand/Béatrice dabei aus dem Off:

> „*Je te connais pas, mais je te vois!*"

Rivière/Delphine, immer eifriger werdend:

> „*Mais tu me vois, quoi... tu me vois là...* [Die Kamera schwenkt zu Romand/Béatrice, es sind nur noch die gestikulierenden Hände von Rivière/Delphine zu sehen] *cinq minutes de temps en temps et tu me connaît pas, de quoi tu parles!? Tu juge...*"

Romand/Béatrice murmelt währenddessen weiter, stochert auf ihrem Teller herum; dann:

> „*Mais SI, on a déjà parlé ensemble, tu ne bouge pas... assez.*"

Rivière/Delphine spricht aufgeregt aus dem Off, ihre Hand gestikuliert manchmal ins Bild, die Kamera fährt langsam zurück:

> „*On a parlé très peut. C'est toujours toi qui parle, d'ailleurs.*"

Romand/Béatrice:

> „*Ah ben, mais oui!*"

Sie fährt hoch und gestikuliert wild mit der Gabel in der Hand:

„C'est celui qui a exprimé quelque chose, qu'il exprime, je suis désolé!"

Es sind jetzt beide Frauen im Bild. Aus dem Off nun auch die Stimmen der anderen Frauen, ein Stimmendurcheinander, einzelne Wörter. Rivière/Delphine bleibt dran:

„Alors, j'ai quelque chose à exprimer que je n'exprime pas, je veux dire que..."

Romand/Béatrice:

„Exprime!!!"

Das Stimmengewirr hört auf, Romand/Béatrice macht eine theatralische Geste in Richtung Rivières/Delphines, diese stockt, lässt die Schultern hängen, streicht sich durch die Haare, murmelt

„Oueh, bien sur, eh".

Romand/Béatrice spricht überdeutlich:

„Nous voulons, que tu t'exprimes! Nous sommes tou-tes é-coutent."

Sie betont jede Silbe und legt demonstrativ ihre Hand ans Ohr. Rivière/Delphine schaut sie an, spricht wieder sanft und schlägt die Augen nieder:

„Moi, eh, je trouve... je veut dire... que, que... tu, tu..."

Romand/Béatrice insistiert weiter:

„Non, mais, excuse moi! Que-ce que tu as à dire?!"

Währenddessen schaut Rivière/Delphine vor sich hin und murmelt:

„Tu es méchante... tu es méchante."

Die Einstellung mit beiden Frauen bleibt. Romand/Béatrice widerspricht, provoziert weiter, sucht immer noch nach Worten. Beide stottern, wiederholen Wörter, reden durcheinander. Rivière/Delphine stoppt ihre Dialogpartnerin, verlangt, dass diese ihr zuhört und gibt schließlich eine schnelle Erklärung ab: dass sie sich gut fühle, dass sie im Moment etwas allein sei, dass sie aber im Allgemeinen [entgegen der Wahrheit] jemanden habe, dass die anderen dazu nichts zu sagen hätten. *„Voilà!"* Die anderen Frauen sind für einen Moment still. Diese Erklärung ist eine Zäsur, bricht die Dynamik des Wortwechsels und beendet die Forderung Romands/Béatrices nach Offensivität.

Es scheint, als müsste Rivière/Delphine nach diesem Ausbruch weinen. Romand/Béatrice entschuldigt sich, beginnt jedoch wieder mit dem Insistieren, wiederholt ihre Gedanken, die bereits bekannt sind, erklärt, sie müsste manchmal aggressiv sein (grinst dabei), um ihren Freundinnen zu helfen, um sie zum lachen zu bringen – im Hintergrund kichert eine der Frauen. Rivière/Delphine lacht ebenfalls, wird dann ernst. Das Gespräch nun schneller, dynamischer werdend nimmt neuen Zug:

> *„Mais, oui... mais tu n'est pas pareille que moi, on est pas pareille, je veut dire."*

Romand/Béatrice kommentiert parallel.
Rivière/Delphine:

> *„Alors, tu, tu tu me..., tu me, quoi, tu me crie des choses à les oreilles... je veut dire... et je, je... je sais pas comment sortir avec toi."*

Romand/Béatrice stochert auf ihrem Teller herum, schaut Rivière nicht mehr an und sagt trotzig:

> *„Il faut pas stagner."*

Jetzt erst ein Schnitt auf die junge Frau mit der schwarzen Katze. Es beginnt ein neuer Abschnitt des Gesprächs über Aberglaube, die Karten, Horoskope und die Hoffnung auf den ‚prince charmant'.

Eine klare Rollenverteilung der Dialogsituation: Romand/Béatrice provoziert, Rivière/Delphine reagiert. Beide Schauspielerinnen gründen ihr Spiel auf ihren Grundpositionen: Romand als Provozierende, die überzeugen und eine Reaktion in ihrer Dialogpartnerin hervorrufen will; Rivière als Reagierende, die ihre Position nicht formulieren kann, der die Worte und Erklärungen zu fehlen scheinen oder die sich expliziten Selbstentäußerungen verweigert. Eine Zäsur bekommt die Szene erst, als es zu einer vehementen Erklärung Delphines zu ihrer Haltung gegenüber ihrer Situation kommt.

Béatrice ist der Name, unter dem Béatrice Romand spielt. Es ist der Name der Schauspielerin und gleichzeitig der Name der Figur. Béatrice Romand spielt weniger irgendeine Figur, als dass sie ihre Präsenz als Schauspielerin Béatrice (Romand) ausspielt. Dies tritt vor allem in der klaren Rollenverteilung während der Dialogsituation und der Vehemenz zu Tage, mit der die Schauspielerin ihre Position vertritt. Béatrice Romand gehört wie Marie Rivière zum Universum des Rohmer'schen Schauspielerensembles. Aus ihm tritt sie nun heraus, um Marie Rivière bei ihrem Spiel zu unterstützen. Auch die anderen Schauspielerinnen gehören zu dem sich um Rohmer gruppierenden Schauspielerensemble. Die eben beschriebene Szene erzeugt den Eindruck, dass lediglich Rivière eine fiktive Rollenfigur zu spielen hat, die sich ganz aus dem produktiven Moment dieses Zusammenspiels entwickelt. Die anderen Schauspielerinnen sind keine Stichwortgeberinnen, sondern Dialogpartnerinnen in einer prozessualen Situation, in der Schauspiel erst im Entstehen begriffen ist: eine im Werden begriffene filmische Situation. LE RAYON VERT ist auch insofern ein Film des Wartens und Erwartens, indem durch das Schauspiel das Warten der Zuschauer auf die Figur strukturiert wird. Die Zeit des Spiels ist auch die Zeit des Bildes. Durch sie wird das Sehen mit Erwartung erfüllt. Auf diese Art moduliert das Spiel die Intensität der Beziehung zwischen Darstellerin und Rollenfigur. Und diese Intensität moduliert wiederum die Entstehung der Figur in der Wahrnehmung der Zuschauer.

Die Präsenz der Schauspielerinnen

Béatrice Romand präsentiert sich in der Dialogsituation als Schauspielerin. Ihr Selbstverständnis bildet sich aus ihrer Rollenfunktion während des Dialogs sowie aus ihrer Beziehung zu ihrem ganz eigenen Spiel aus. Sie ist die Anspielpartnerin für Marie Rivière, eine Mitspielerin auf deren Weg zur Rollenfigur. Romands direkte und kräftige Art zu sprechen, die Energie ihrer scharfen Gesten, ihr Gesicht mit einem leicht belustigten Lächeln, die energischen Locken, die aufrechte Haltung – all das beschreibt die Eigenschaften eines Spiels, mit dem sie auch in anderen Filmen auftritt. Ihre Art und Weise vor den anderen aufzutreten ist direkt als Spielweise der Schauspielerin Romand markiert und nicht allein der fiktiven Figur zuzuschreiben. Romands tendenzielle Extrovertiertheit prädestiniert sie für einen funktionalen Einsatz als Provokateurin innerhalb einer noch offenen Gesprächssituation.

Ganz anders dagegen Marie Rivière, deren Gestik fahrig, deren Blick indirekter ist, der abschweift, den Raum und die Mitspielerinnen abtastet. Diese starke Zurückhaltung gegenüber aussagenden Gesten lassen Delphine introvertiert erscheinen. Dabei grenzt sich das Spiel Rivières von der direkten Bezugnahme zu den anderen Spielpartnerinnen ab und verweigert sich der Funktion, kommunikative Anknüpfungspunkte anzubieten. Ihr Spiel ist eigentlich das Verhalten der Schauspielerin während einer Spielsituation.

Marie Rivière zeigt Momente ihrer Rollenfigur, die einerseits aus der Abgrenzung zu den anderen und andererseits ganz aus Momenten der Introvertiertheit heraus entstehen. Beständig im Transit begriffen, hat ihr Körper keine Anhaltspunkte mehr. Sie greift sich in die Haare, ihre Gesten sind nicht einmal funktional, sie sind einfach da. Sie beschreiben das Spiel Rivières als Fluss, der scheinbar nie endet. Sie begründen aber auch die Flüchtigkeit des Eindrucks, den ein solches Spiel von der Figur und der Schauspielerin hervorruft.

Beide Darstellerinnen zeichnen mit ihrem Spiel ihr eigenes Bild als Filmschauspielerinnen. Ihre sich daraus entwickelnde Identität hat weder mit physiognomisch begründeten Stereotypen zu tun, noch ist sie Resultat der Inszenierung ästhetischer Körperkonzepte. Sie wird vielmehr als Selbstverständnis der Darstellerin in ihrer Identität als Schauspielerin sichtbar, das diese in ihrem Spiel etabliert.

Erscheinungsweisen

Spiel als Improvisation

Eine Grundlage, auf die dieses Selbstverständnis baut, ist das improvisierende Spiel. Delphine/Rivière und Béatrice unterbrechen sich, reden durcheinander, widersprechen sich. Die Sprache ist von alltäglichen Redewendungen und französischen Sprachlauten wie *ohm*, *quoi*, *bah*, *eh*, *ben* oder *voilà* durchsetzt. Die Dialoge bestehen aus Stottern, Wirrwarr und Pausen. Die Sprechenden müssen sich zuhören, weil sie nicht wissen, was als nächstes gesagt wird. Ihre Äußerungen sind dementsprechende Reaktionen oder voreilige Aktionen.

Nicht die schauspielerische Wiedergabe eines Textes steht im Mittelpunkt der Äußerungsakte, sondern überhaupt die Suche nach einem Dialog. In dieser Form thematisiert das Spiel das Fehlen eines Drehbuchs. Diese Tatsache wird Anlass und Grundlage der Produktion sowohl von Schauspiel als auch des Scripts. Erst am Ende der Szene wird so etwas wie ein Ziel einsichtig: die Provokation einer klaren Reaktion Rivières/Delphines. Indem der Weg zu dieser Reaktion bereits Spiel und Erfahrungsmodus der Schauspielerin ist, gerät für die Zuschauer die Unmittelbarkeit zwischenmenschlicher Beziehungen zur Grundlage der Wahrnehmung der Schauspielerin. Hier zeichnet sich ab, dass die Dimensionen des Sozialen – um die es in Rohmers Filmen geht – nicht mehr nur in der Inszenierung auf der Leinwand, sondern in der Relation von Zuschauer, Figur, Schauspielerin zu suchen sind.

Der suchende, stolpernde, stockende, sich beschleunigende oder abbrechende Dialog funktioniert als zusammenhängende auditive Plansequenz. Er weist auf die Aufnahmesituation als eine konstante Registrierung hin, während die Kamera zwischen den Sprechenden hin und herschwenkt bzw. das Bild immer nur Ausschnitte des Gesprächs zeigen kann. Die Kamera registriert, folgt dem Dialog in ihrem eigenen Rhythmus, ohne immer der fordernden Intensität der Sprecherin zu folgen, indem sie diese zeigen würde. Das Gespräch visualisiert sich in beiläufigen Seitenblicken auf Zuhörende und Sprechende gleichermaßen. Es braucht die Bewegung und die Zeit eines Schwenks, um zu einer Sprecherin zurückzukehren. Dieser Weg und diese Zeit werden nicht geschnitten, sondern ausgeführt. Dabei kann es passieren, dass eine Sprecherin zur Zuhörerin wird. Die Kamera hat ihren eigenen Rhythmus, ihre eigene Geschwindigkeit. Sie unterliegt nicht dem Diktat des Dialogs als dramatische Situation. Nicht Schnitte, Szenenwechsel oder inhaltliche Zäsuren strukturieren oder dramatisieren den Dialog.

Das Sichtbarmachen der Aufnahmesituation verleiht den (vor allem visuellen) Ausdrucksdimensionen einen Gestus der Beiläufigkeit, der die audiovisuellen Bilder fast schon als dokumentarisch gefilmtes Material erscheinen lassen. Die sich aus Spiel, Sprache und Intonation ergebenden Spannungs- und Intensitätswechsel übernehmen dessen Rhythmisierung und Struktur, dienen aber auch grundsätzlich der dokumentarischen Qualität.

Diese Inszenierung einer dialogischen Situation, die verbale Interaktion der Schauspielerinnen und die visuelle Gestaltung markieren das Spiel als Improvisation. Es wird als situative Erfindung und als Interaktion verschiedener räumlich angeordneter, zueinander in Beziehung gesetzter Positionen, subjektiver Standpunkte sichtbar. Ein Spiel, das sich in diesem Moment selbst erfindet. Das Spiel als Improvisation beschreibt sich selbst in der Zeit seines eigenen Entstehens und wird darin für den Zuschauer wahrnehmbar. In dieser Perspektive ist die suchende Bewegung des Spiels eine Bewegung des Werdens der Figur. Sie ist die Zeit des Wartens der Figur, die sich zur Zeit der Erwartung der Zuschauer transformiert. Der beiläufige Blick zeigt zwar auch den räumlichen Abstand der Schauspielerinnen, macht jedoch die Abstände in der Zeit des Geschehens sichtbar. Jede der Positionen oder Meinungsäußerungen, jede Geste, jeder Blick oder das Krähen eines Hahns wird zu einem Mikroereignis der Gesamtsituation.[159]

Schauspielerin und Figur

Improvisation ist ein Spiel, das eine unmittelbare Beziehung zwischen Schauspielerin und Figur herstellt. Aus dieser Beziehung geht hier die Wahrnehmung der Situation als Schauspiel und gleichzeitig als Figurenentwurf hervor. Der Gesprächsinhalt lässt sich dabei als Auseinandersetzung der Schauspielerinnen mit ihrer Spielsituation verstehen. Diese verweisen dann immer wieder auf ihre Positionen und Beziehungen innerhalb dieser Situation (Béatrice Romand/Béatrice meint, Marie Rivière/Delphine sei störrisch, lasse sich nicht helfen, d.h. überzeugen). Das Gespräch wird zu einer doppelten Repräsentation zweier sich überlagernder Situationen, d.h. des Streitgesprächs der Figuren, sowie das dialogische Spiel der Schauspielerinnen. Es erzeugt dies, indem es die Art des verbalen Ausdrucks selbst zum Sujet seines Ausdrucks und gleichzeitig

[159] Sie umfasst Spiel, Dialog, Sprache und auch das, was auf der diegetischen Ebene der Fiktion zur Geschichte einer Figur gehört.

zum Inhalt seiner Durchführung macht. Nicht nur die energetischen Eigenschaften des Spiels und das qualitative Potenzial der Darstellerinnen als Schauspielerinnen vor der Kamera, sondern auch der Dialog, die Sprache, Wörter und der Blick auf dieses Ausdrucksensemble erzeugen einen Eindruck der menschlichen Erscheinung auf der Leinwand als doppelwertige Präsenz zwischen Schauspielerin und Rollenfigur.

Auch in dieser Hinsicht ist die Bedeutung von Darstellerin oder Rollenfigur jenseits ihrer narrativen und dramaturgischen Funktion im klassischen Sinne zu verstehen, weil sich das Spiel so nicht mehr in den Dienst der Narration stellen lässt. Das Verhältnis, das die Darstellerin zu ihren Darstellungsakten hat, strukturiert das Spiel als Entstehungsprozess, welches wiederum das Werden der Schauspieleridentität begründet.

An diese Beobachtung lässt sich Nicole Brenez' Arbeit über Figuren und Körper im Film anschließen. Die französische Filmwissenschaftlerin entwickelt eine Sichtweise, in der die Wirkung der Bilder aus ihrer Bildhaftigkeit und nicht aus ihrer sinnvollen Bestimmung für die Deutung einer Geschichte heraus verstanden wird. Eine Figur ist in dieser Lesart weniger eine vorab definierte Realität als vielmehr das Resultat eines Wahrnehmungsprozesses. Das Entstehen einer sich beständig verändernden Figur tritt an die Stelle der klassischen Narration. Es handelt sich hier um eine Narrationsform, die der Transformation der Figur während der Zeit des Films als dynamischer Prozess folgt. Die Rolle der Darsteller beruht darin auf einem An-Sich-Dasein jenseits von bedeutendem Darstellen. Aus diesem An-Sich-Dasein bildet sich nicht nur der Eindruck der Figur ab, sondern es wird vor allem das Bild der Schauspielerin erzeugt.

Dieses Bild moduliert die Figur zu der von Anja Streiter herausgestellten Teilidentität von Schauspielerin und Figur. Streiter bezieht sich dabei stark auf die Arbeiten von Brenez. Das An-sich-Dasein ist in ihrer Perspektive „die Erarbeitung des Eigenen“,[160] bei der die Rollenfigur als

[160] Streiter 2002, S. 4.

> „Dispositiv [funktioniert], über das der Darsteller oder die Darstellerin in ein Verhältnis zu sich gebracht wird, d.h. mit dem Abstand zwischen Sich und Sich zu spielen [...].“[161]

LE RAYON VERT thematisiert dies, indem das Improvisationsspiel der Schauspielerin an die Stelle der organisierten Bildgestaltung tritt und das Spiel selbst als Moment der eigenen Erfindung der Schauspielerin erscheinen lässt. Die Mise-en-Scène richtet sich nach diesem Spiel und entwickelt daraus eigene Rhythmen. Sie unterstützt die Inszenierung des An-sich-Daseins der Schauspielerinnen, das in LE RAYON VERT vor allem immer noch an das Moment des Spiels geknüpft ist.

Improvisation als Suchbewegung operiert mit extern gekennzeichneten Vorstellungen, wie populäre Klischeevorstellungen, die das Selbstverständnis der Figur ausmachen. Es ist eine Suchbewegung, die nicht den inneren Kern der Person der Schauspielerin, sondern direkt ihr Verhältnis zur Rollenfigur zum Inhalt hat. Das, was dabei inhaltlich den Eindruck der Übereinstimmung zwischen Rollenfigur und Schauspielerin, ein An-sich-Dasein oder das vollkommen realisierte Porträt der Schauspielerin als Figur unterbindet, ist hier das Selbst der Figur, wie es in den Dialogfragmenten manifest wird. Es setzt sich aus externen, diskursiven Identitätskonzepten zusammen, die ihre Substanz aus populären Vorstellungen wie romantischen Liebeskonzepten speisen.[162]

Auf dieser inhaltlichen Ebene entsteht eine Ironie zwischen dem Gesprochenen der Schauspielerin und den Überzeugungen der Figur. Das filmische Porträt der Schauspielerin realisiert sich vor allem auf der Ebene des Spiels als Produktionsmoment, indem auf der inhaltlichen Ebene des Dialogs zwischen Rollenfigur und Darstellerin unterschieden werden kann, obwohl beide ein Bild ergeben.

---

[161] Streiter 2002, S. 3.

[162] Solche ideellen Konzepte sind weiter oben schon als idées reçus erwähnt worden.

Mise-en-Jeu

Produktionsmomente

> „Ou comment l'économie générale d'un récit, d'un budget et d'une équipe se résoud en un point de clarté qui est à la fois l'évidence et le secret du film."[163]

LE RAYON VERT macht in seiner Form auf die Momente der Produktion einer filmischen Fiktion aufmerksam. Es ist einer der billigsten Filme Eric Rohmers. Das Team ist klein und besteht aus jungen Frauen, die ihr Début geben. Sophie Maintigneux an der Kamera, Claudine Nougaret nimmt den Ton, Francoise Etchegaray ist für die Assistenz zuständig. Dann sind da noch Rohmer selbst und meistens nur Marie Rivière als eine der wenigen ‚professionellen' Schauspieler am Set. Die konkrete Ausarbeitung der Szenen entstand aus Improvisationen der Darsteller. Das Fehlen eines klassischen Drehbuchs überträgt dem Spiel der Schauspielerin das Projekt der Recherche nach Ausdrucksmomenten und -formen, die eine Figur konstituieren können. Damit liegt der Fokus der Inszenierung auf dem Spiel als einer lebendigen, momentanen Erfindung, die sich nicht als Erinnerung an eine außerhalb der konkreten Spielsituation liegenden Produktionsvorlage begreift. Lediglich die populären Vorstellungen funktionieren als rein inhaltliche Vorlage des Dialogs. Das Improvisationsspiel Marie Rivières vor der Kamera beginnt mit dem Vergessen eines konventionellen technisch-methodischen Produktionsmomentes zur Erzeugung einer Rollenfigur. Inhaltlich stellt es die Grundsituation Delphines, ihrer Ungebundenheit und Einsamkeit, dar. Die Unterbrechung oder Unmöglichkeit sozialer Funktions- und Kommunikationsformen findet sowohl auf der Ebene des Spiels als auch auf der inhaltlichen Ebene der Figur statt. Das Spiel der Schauspielerin entsteht genau in den offenen Stellen, an den Orten einer Binnensozialität, die diese Unterbrechungen von einstudiertem Handeln, Verhalten und Dialogisieren bereitstellen. Dabei ist die Methode des Filmens selbst ist Inhalt. So zeigt Alain Bergala:

> „Dans *Le rayon vert,* les choses et les êtres filmés ne donnent jamais l'impression d'être là pour la caméra, mais c'est la caméra, le plus simplement

[163] Bergala / Philippon 1984, S. 9.

du monde, qui est là, devant les choses. Dans la meilleure tradition rossellienne, il fallait à Eric Rohmer, pour mener à bien une telle entreprise qui le déclasserait du cinéma de l'écriture et de la maîtrise, un sujet privilégié qui ne pouvait être que le sujet même de sa méthode."[164]

Diese Produktionsgrundlagen erinnern an Grundzüge des dokumentarischen *cinéma vérité*, von dem Rohmer sagt, er interessiere sich mehr für dessen technische Seite als für die Idee, die dahinter stecke.[165] Durch die Gründung der Produktionsfirma *Les Films du Losange* mit Barbet Schroeder verschafft er sich Produktionsfreiheit in einem engen System von Kontribution und Distribution. Das Spiel der Schauspieler übernimmt diese Produktionsbedingungen, eignet sie sich in ihrer reduzierten Ökonomie an. Michel Frodon sieht darin Rohmers Haltung zum Kino generell verwirklicht, die er mit einem Zitat Rohmers untermalt:

> „On l'a compris, il ne s'agit pas uniquement de ‚procédés' financiers et techniques, mais d'une morale du cinéma. [...] Il [Eric Rohmer] a précisé lui-même le sens qu'il fallait donner aux mots: ' *Non pas un conte avec une morale, mais une histoire qui décrit moins ce que font les gens que ce qui se passe dans leur esprit quand ils le font. Un cinéma qui peint les états d'âme, les pensées tout autant que les actions*', expliquera-t-il à *cinéma 71*, peu avant d'avoir mené la série à son terme. En ce sens, *Le signe du lion* restait en déca, filmé 'de l'extérieur', laissant aux apparences le soin de révéler les mouvements intimes, et sans instaurer de doute sur la réalité de ce que montre l'écran. Cette certitude disparaît dès qu'on se trouve 'dans l'esprit' des personnages, moins pour y pratiquer la psychologie que pour mettre en perspective ce qu'ils disent et ce qu'ils vivent. "[166]

---

[164] Bergala 1986, S. 23.
Die Produktionsweise ist eine Abgrenzung von einer Autorenpolitik, bei der sich der Autor in seiner Handschrift verwirklicht. Diesem Autorenbegriff liegt Alexandre Astrucs Idee der ‚Handschrift' zugrunde, in der sich der *Auteur* realisiert. Er kann auf einen formalästhetischen Stilbegriff hinführend gedacht werden. Weiterhin fungiert darin der Autor als ‚Enunziator', wie er in Raimond Bellours psychoanalytisch geprägtem Ansatz zu Tage tritt. Er schreibt sich in das filmische Material ein und stellt die Position her, auf die es zurückgeführt werden kann. Das bedeutet, der Organisation der Handlung, aber vor allem der visuellen und auditiven Fiktion liegt die organisierende Kraft einer Autoreninstanz zugrunde.
Vgl. Astruc, Alexandre (2001) „Die Geburt einer neuen Avantgarde: Die Kamera als Federhalter", in: *Dogma95,* hrsg. von Hallberg, Jana / Wewerka, Alexander. Berlin: Alexander Verlag, S. 385-389. sowie
Bellour, Raymond (2000) „To Enunciate. (on *Marnie*)", in: ders.: *The analysis of Film.* Indianapolis, S. 217-237.

[165] Vgl. Hertay 1998, S. 79.

[166] Frodon 1995, S. 62.

Wichtig sind die Transparenz der Entstehung und die darin mögliche Inszenierung von Objektivität, die hier mit der schauspielerischen Subjektivität des Verfahrens der Improvisation zusammengebracht wird. Daraus entsteht Objektivität nicht als Wahrheit und absolute, filmexterne Realität, die nur noch abgebildet zu werden braucht. Die Produktion ist mehr eine Methode und Suche, als die Ausführung einer dramatisierten Geschichte durch die Dreharbeiten.[167] In dieser Methode des Filmens werde das Programm des Zufallsereignisses, das den Ereignissen zugrunde liegt, und seine offene Zeitlichkeit ermöglicht, so Alain Hertay:

> „Sous cet angle, *Le rayon vert* serait une oeuvre où l'aléatoire se manifeste pour permettre au nécessaire de survenir. Le ‚Tout est fortuit sauf le hasard' qu'aime souvent à répéter Eric Rohmer, confirme au demeurant sa propre foi dans un agencement signifiant, cohérent de la temporalité. Cependant il ne faudrait pas pour autant en conclure à une position déterministe. Moins fermée, sa perspective se veut d'une tout autre nature."[168]

LE RAYON VERT stellt eine Perspektive zur Verfügung, die weniger deterministisch auf die Ereignisse und Erscheinungen blickt, sondern sich vielmehr für die Art und Weise ihrer Erscheinung interessiert. Eine Handkamera folgt der Schauspielerin und ihrem Spiel, registriert Dialoge, zurückgelegte Wege oder ein Gesicht in Tränen. Die Produktionsbedingungen stellen eine Grundlage, auf der das Spiel der Schauspielerin die organisierende und restriktive Funktion der Mise-en-Scène auflöst und selbst zum ausführenden Akt einer dynamischen Inszenierung der doppelten Identität von Schauspielerin und Figur werden kann – ein Ins-Spiel-setzen oder ein *Mise-en-Jeu* der Relation von Darstellerin und Rollenfigur.

---

[167] Alain Bergala entwickelt in einem Artikel, den er einem Text über LES NUITS DE LA PLEINE LUNE voranstellt, über Dreharbeiten als Methode, drei Schlagworte: „Toute méthode est une méthode d'approche" – „Toute méthode est un medium" – „Toute méthode est une méthode de production."Siehe
Bergala, Alain (1984) „La méthode", in: *Cahiers du Cinéma*, Nr. 364 (1984), S. 6-7.

[168] Hertay 1998, S. 79.

Suchen und sichtbar machen – die Schauspielerin als Exilierte

Gesten und Sprache Marie Rivières sind keine konventionellen Äußerungen des Darstellungsaktes und funktionieren deswegen auch nicht als semantische Darstellungseinheiten. Die Schauspielerin erscheint als Exilierte von signifikanten Ausdrucksbewegungen, die an eine konventionelle Interpretation des Schauspielerberufs geknüpft sind. Gesten, Mimik, ein Blick, eine Träne – alles hier Zustände des Spiels, die noch an keine feste Bedeutung oder Situation gebunden sind. Es ist das Spiel selbst – das prozesshafte Suchen und Finden eines Dialogs, einer Aussage, einer Geste, einer Träne, eines Blickes, eines Momentes der Stille – das sich als Suche äußert. Als Akt des Entwerfens zeigt es sich in der Abfolge seiner Zustände. Der Darstellungsakt wird äquivalent zur oben beschriebenen Erzählbewegung zu einer Bewegung des Sichtbarmachens. Er übernimmt deren Eigenschaften und Funktionen.

Alle Szenen markieren dabei Zustände, die als Hypothesen einer Bewusstseinsidentität (der Schauspielerin) über eine andere (der Rollenfigur) funktionieren. Die Darstellerin funktioniert in diesem hypothetischen Verhältnis von Schauspielerin und Figur während des Darstellungsprozesses als Modell für die Rollenfigur. Aus dieser Beziehung entwickelt sich für den Zuschauer eine Kinoerfahrung, die sich auf dem Erleben der Wahrheit der Figur gründet.[169] Das Spiel Marie Rivières mediatisiert zwischen ihrer Rolle als Schauspielerin und ihrer Rolle als einer fiktiven Figur. Insofern entsteht im Spiel ein Porträt, wie Anja Streiter es versteht, weil darin ein Bild der „Wesenszüge einer Schauspielerin"[170] entsteht. Es ist das Porträt der Darstellerin in ihrer Rolle als Schauspielerin.

Gilles Deleuze macht eine ähnliche Bedeutung der Figuren und Schauspieler für das moderne Kino (d.h. das Kino, wie es sich vor allem in Europa ab den Fünfziger Jahren entwickelt) geltend. Er entwickelt sie weniger aus Überlegungen zur personalen Identität, sondern bindet diese spezifische Entstehung von Figuren und dem Bild der Schauspieler an die veränderte Form filmischer Ereignisse:

[169] Vgl. Hertay 1998, S. 41.
[170] Streiter 2002, S. 3.

> „Eine neue Art von Figuren für ein neues Kino. Da das, was ihnen zustößt, sie nicht wirklich betrifft und sie nur zur Hälfte angeht, verstehen sie es, von dem Ereignis denjenigen Teil abzuziehen, der in dem Geschehen nicht aufgeht: nämlich den Teil der unerschöpflichen Möglichkeit, der das Unerträgliche, das Untragbare, nämlich das Visionäre ausmacht. Deswegen war ein neuer Schauspielertypus notwendig: es waren nicht allein die Laienschauspieler, mit denen sich der Neorealismus seinen Anfängen zugewandt hatte, sondern es bedurfte, wenn man so sagen kann, professioneller Laien: Schauspieler, die wie ‚Medien' eher zu sehen und sichtbar zu machen wissen als zu agieren und die gelegentlich auch stumm bleiben oder eine endlose, beliebige Unterhaltung führen können, statt zu antworten und einem Dialog zu folgen (wie in Frankreich Bulle Ogier oder Jean-Pierre Léaud.)"[171]

Die tiefgreifenden Veränderungen des modernen Kinos der so genannten Nouvelle Vague, aber auch des cinéma-vérité und des Neorealismus werden hier in der doppelten Präsenz von Schauspielerin und Figur zu einer (wenn auch filmhistorisch vorläufigen) Konklusion geführt. Entlang einer Serie von Zuständen entstehen gleichsam Figur und Schauspielerin als filmische Formen personaler Identität. Deren Präsenz entfaltet sich im gegenseitigen Spannungsverhältnis, wobei Präsenz immer auch mit der Wahrnehmbarkeit eines Bildes assoziiert werden kann.

Die Rolle als Resultat eines Wertesystems

Sujet der Darstellung Marie Rivières ist eine offene Figur, destabilisiert durch den Mangel an Beziehung und verweigerter Teilhabe am Common Sense der französischen Sommerferien. Das Verhältnis zwischen Schauspielerin und Figur bekommt einen sozioökonomischen Status in dem Maße, in dem sich das Wertesystem, innerhalb dessen sie sich ausformulieren, in Verhältnissen der Produktion von Rollen, Figuren und Identitäten ausdrückt. Auf der Ebene der Figuren sind dies Bezüge zur Mittelklasse; ihr Wertesystem bewegt sich zwischen Modernität und Tradition, und auf filmischer Ebene zwischen Produktions- und Seinsweisen.

[171] Deleuze 1999, S. 34.

Die Mechanismen dieser Verhältnisse werden im Spiel selbst offenbar, und die Mechanismen des sozialen (Beziehungs-)Lebens zeigen sich in den Codes der Repräsentation von Identitäten.[172] Implizit wird hier deutlich, dass Spiel und Selbstdarstellung durch Restriktionen innerhalb des Sozialen und von Klischees geprägt sind – durch einen Zwang zur konventionalisierten Sozialität. Es entsteht das Bild einer Schauspielerin als Suchende. Es ist ein anthropologisches Bild, das sich als wandelbare Intensität wahrnehmen lässt. Ihr Realitätsgrad hängt von den Codes ihrer sozialen Umgebung, den Modalitäten der Selbstrepräsentation in dieser Umgebung sowie der Kontaktaufnahme der Doppelidentität Schauspielerin/Figur zu ihrem Selbst ab. Dieser Realitätsgrad ist es, der dem Zuschauer das Gefühl von Authentizität oder des Dokumentarischen vermittelt. Das Spiel selbst wird in LE RAYON VERT zu einer Befreiungsbewegung; ein Versuch, sich von den Restriktionen einer Darstellung, die als sozioökonomische Repräsentation begriffen wird, zu befreien.[173]

Mit einem Augenzwinkern

Das Spiel erscheint nicht als für die Kamera inszeniert, diese kann nur Ausschnitte zeigen, nie aber alles. Die Dinge sind nicht für die Kamera da, sondern die Kamera ist da vor den Dingen, als Blick mit all seinen Beschränkungen.[174] Dieser Blick kann die Schauspielerinnen noch in ihrem Spiel überraschen, sich davon lösen oder wieder zurückkehren. Er registriert das, was ihm in dieser Situation geschieht, ohne Komplize zu sein oder zu repräsentieren. So wird vor allem in den Unterhaltungen an Kaffee- und Abendessenstischen das Gesprochene zu einem Dialog der Schauspielerin mit den klischeehaften Grundlagen des Selbst ihrer Rollenfigur. Frodon nennt dies

> „logorrhée psycho-sociologico-magazinesque, de tout ce que fatras qui sert à mal penser et à mal vivre, en mélangeant l'astrologie, l'écologie, la diététique,

[172] Vgl. Serceau 2000, S. 34.
[173] Dies ist auch auf der Ebene des gesamten Produktionsprozesses zu verstehen.
[174] Vgl. Bergala 1986, S. 23.

la psychanalyse de comptoir, la revendication de salon de thé et la morale de midinette."[175]

Diese Logorrhöe ist ein regelrechter Anti-Dialog; ihr Resultat ist das Selbst der Figur, aber nicht der Schauspielerin. Präsenz und Spiel Marie Rivières zielen nicht nur darauf, eine Frau und ein Individuum zu realisieren, sondern sich und die Figur mit einem Augenzwinkern als Akteurin konventionalisierter sozialer, d.h. auch professioneller Identitätsentwürfe zu präsentieren. Erzeugt wird darin eine Lücke oder Distanz, in der die Inszenierung des Selbst der Schauspielerin mit eben jenem Augenzwinkern eingesetzt wird. Der Anspruch des An-Sich-Daseins der Schauspieler – d.h. ihr Ausliefern an eine Situation, in der ihre Präsenz als Person der Präsenz der Figur geliehen wird wie beispielsweise im Kino Rivettes, Doillons oder Cassavetes – wird durch dieses ironische Augenzwinkern zwar nicht gleich aufgehoben, aber das ernsthafte Gewicht einer existenziellen Identitätssuche erleichtert. Die Wahrheit des *cinéma-vérité* wird zu einer Wahrheit, die dem Film selbst entspringt und nicht einer externen Realität. Diese Kinowahrheit liegt letztlich im Glauben an ein Kino selbst begründet, das keine Fragen beantwortet, keine Identitäten und Seinsweisen klärt, sondern die Fragen nach deren Mechanismen und Möglichkeiten stellt.

Das grüne Leuchten sei keine Erlösung der Angst und Passivität Delphines aber deren Vorzeichen, so Michel Frodon. Wenn am Ende des Films Delphine ein Charakter zu werden beginnt, dann sei dies ein Glaubensakt, den das Kino selbst vollziehe, meint er. Die Zuschauerposition des Wartens, der Erwartung und das Erscheinen der Figur erinnert an die epiphanischen Anklänge, mit denen Nicole Brenez das Sehen im Kino assoziiert.[176] In diesem Sinne lassen sich die vorangegangenen Beobachtungen mit Jean-Luc Godards cinephiler Religiosität beschließen, die der Filmhistoriker Frodon herbeizitiert:

„...le cinéma, comme le christianisme, ne repose pas sur une vérité mais sur une croyance."[177]

---

[175] Frodon 1995, S. 726.
[176] Brenez 1998, S. 183.
[177] Frodon 1995, S. 726.

Zusammenfassung

Der Darstellungsakt als Bezugsrahmen rückt hier in einer spezifischen Form des Ensemblespiels wieder in den Blickpunkt der Auseinandersetzungen. Der improvisierte Dialog als Grundlage des Konzepts der Figurenentwicklung wurde ohne Drehbuch in der Spielsituation selbst entwickelt. Während des Spiels erfinden einerseits die Schauspieler ihren Dialog. Andererseits lässt sich die improvisierende Entwicklung auch als Artikulationsakt der Figur selbst beschreiben. Das Spiel als Improvisation bezeichnet direkt den Moment seiner Produktion und macht den Vorgang sichtbar, in dem dieser Moment aus einer darstellerischen Ökonomie heraus erzeugt wird.

In ständiger Erfindung und Suche bringt es weniger physiognomische oder räumliche Eigenschaften des Bildes zum Vorschein, sondern trägt als Prozess der Suche oder Erfindung die zeitliche Entwicklung des Films und übernimmt dabei dramaturgische Funktionen. Es wird zu einem Prozess der Erfindung, der das dramatische Erzählen ablöst. Bringt es doch aus seiner Ökonomie einer beständig zu entwickelnden Artikulation die Figur hervor. Das Spiel als Erfindung und Artikulation wird hier zum Bezugsrahmen einer Figurenkonzeption, in der sich das Phänomen der Teilidentität ‚Schauspielerin/Figur' während des zeitlichen Spielverlaufs ereignet.

Die Identitäten von Schauspielerin und Figur lassen sich dementsprechend aus der Beziehung heraus entwickeln, die die Darstellerin in ihrem Spiel zur Rollenfigur eingeht. Das Spiel gestaltet dabei den beständigen Austausch beider Pole der Doppelidentität Schauspielerin/Figur. Die Realität einer Figur, einer Schauspielerin oder eines Schauspielers – d.h. auf genuin filmische Art und Weise wahrnehmbar zu sein – geht aus der Ökonomie dieses Austauschs hervor, der durch das Spiel als Erfindung und Artikulation strukturiert wird. Spiel kann hier als Ökonomie eines zeitlichen Prozesses verstanden werden, in dem sich für den Zuschauer eine filmische Figur und das Bild der Schauspielerin ereignet.

Das Verhältnis zwischen Schauspielerin und Figur bekommt einen sozioökonomischen Status in dem Maße, in dem ein Wertesystem in Verhältnissen der Produktion von Rollen, Figuren und Identitäten durch allgemein anerkannte

Klischees und deren Proklamation zugrunde gelegt wird. Die Mechanismen dieser Verhältnisse werden im Spiel selbst offenbar und die Mechanismen des sozialen Lebens zeigen sich in den Codes der sozialen Repräsentation.

Das Verhältnis von Schauspielerin und Figur wird also aus dem Spiel als spezifische Produktionsweise verstanden. Insofern reflektiert der Film auch eine grundlegende Tatsache, auf der sich Kino gründet: Das Verhältnis zwischen dem Film und seiner Produktion. Mit LE RAYON VERT zeigt sich, dass das Moment der Produktion Ereignischarakter bekommt, indem seine innere Ökonomie sichtbar wird. Das Moment der Produktion wird so als Moment der Erzeugung einer diegetischen Welt begreiflich. Indem sie sichtbar wird, sich also der Film vor den Augen des Zuschauers ereignet, erscheint die Produktion als Ausdrucksträger einer im Werden begriffenen Welt – und diese Welt ist dabei selbst im Begriff Produktion zu werden. Normalerweise werden Produktionsmomente und filmische Ereignisse voneinander getrennt betrachtet (wobei letztere gemeinhin zum Analysegegenstand werden). Indem das Spiel als Improvisation das Moment der Produktion selbst in sich trägt, wird diese als filmisches Moment selbst sichtbar und befindet sich auf einer innerfilmischen Ebene. Schauspieler können so auf der filmanalytischen Ebene nicht als empirische Personen untersucht werden. Sie sind nicht einfach im Bild gegeben, sondern immer Resultate filmisch-ästhetischer, bildnerisch-figurativer und ökonomischer Darstellungsprozesse. Auch Figuren sind nicht einfach gegeben, sie entwickeln sich aus der Relation ihrer filmischen Bezugsgrößen und realisieren sich erst in der Wahrnehmung des Zuschauers. Ohne aber dessen Glauben an das Kino – als momentane Realität dessen, was er sieht – wäre das Entstehen der Figur nicht denkbar. Das Prinzip einer im Werden begriffenen Welt und der daran geknüpften Glaube des Zuschauers rückt LE RAYON VERT auch in die Nähe des dokumentarischen Kinos, dessen Gegenstand und Ziel dieser Glaube sein kann.

EPILOG

Rückblick: Methode und Haltung

Die vorangegangenen Untersuchungen haben in drei Varianten die spezifische Realität von Filmschauspielern zu zeigen versucht – Vorraussetzung war, sie entgegen des Konsens nicht innerhalb der empirischen Person der Darsteller oder einer rein fiktiven Figur zu begreifen. Denn ausgehend von den Rahmenbedingungen für die Wahrnehmbarkeit von Schauspielern gegenüber den Zuschauern, kann auf der Ebene der analytischen Filmwahrnehmung nicht von einem kohärenten Personenbegriff ausgegangen werden.

Noch viel weniger lässt sich eine Unterscheidung zwischen fiktiver und außerfilmischer Präsenz während der analytischen Annäherung vornehmen; denn durch den Blick der Kamera werden die Schauspieler schon als physische Erscheinungen fiktionalisiert. Wie LA COLLECTIONNEUSE gezeigt hat, sind sie bereits Bild (eines Körpers, einer Bewegung etc.), bevor sie Figur sind. Dieser Umstand macht es möglich und sogar notwendig, Filmschauspieler als kinematografische Wirklichkeiten zu begreifen.

Über die Kamera stellt sich eine Beziehungsstruktur zwischen Schauspielern und Figuren her. Die zuvor besprochenen Szenerien machten deutlich, inwiefern nicht nur die physiognomische, sondern auch die personale Identität von Schauspielern daraus resultiert, was auf der Leinwand durch einen Blick sichtbar gemacht wird. Die Ausdrucksdimensionen der Darsteller und der Kamera verbinden sich zu einem dritten visuellen aber ambivalenten Topos, zur Doppelidentität. Die evidente Präsenz von Darstellern im Kino setzt sich in der Doppelidentität Schauspieler/Figur als elementare Grundlage einer ästhetisierten personalen Identität fort. In Rohmers Filmzyklen wird meist die Differenz zwischen dem Blick der Kamera und dem Ausdruck des Schauspiels aufrechterhalten und die Figuren aus diesem Spannungsverhältnis heraus inszeniert. Filmfiguren sind also ebenso wenig wie die personale Identität von Schauspielern als vorgefasste Größen zu verstehen. Sie sind Resultate der als Bild gestalteten Beziehung von Inszenierung und Zuschauerwahrnehmung.

Außerdem lässt sich besonders das Filmschauspiel nicht außerhalb seiner Beziehungen beschreiben. Eine Geste beispielsweise hat immer ein Ich (z.B. wenn sich eine Darstellerin durch die Haare streicht) oder ein Du (wenn ein Darsteller einen anderen berührt, anschaut oder über ihn spricht); oder sie bezieht sich auf Objekte und Räume, soziale Stereotypen oder gesellschaftliche Konventionen z.B. der Arbeit oder Freizeit.

Für die filmanalytische Perspektive bedeutete dies, eine andere Haltung gegenüber den Filmen einzunehmen – Filmanalyse ist schließlich eine (identitätsstiftende) spezifische Art des Zuschauens. Aufgabe dieses zielgerichteten Blicks war, Ausdrucksdimensionen in den Bildern (z.B. Kamerabild/Kadrage, Raum, Fläche, Dialog, Farben, Kostüme, Beschaffenheit materieller Oberflächen, Sound) herauszuarbeiten und sie in Beziehung zu ästhetischen, anthropologischen und kommunikativen Determinanten des Schauspiels (z.B. Gestik, Sprache, Intonation, Körperpositionen, Haltungen, Arbeit mit Objekten und Räumen) zu setzen. Daraus konnten ästhetische Bezugssysteme zur Präsenz der Darsteller (Bewegungsqualität, Physiognomie, Dynamik und Energie, Beziehung zu den Anderen, zu sich selbst und Dingen) und Dimensionen der Zeit (Narration, Dramaturgie) entwickelt werden. Die kooperative Beziehung dieser Ausdruckssysteme lässt sich als übergreifender Mechanismus verstehen, über den sich Bilder und Figuren konstituieren.

Parameter wie z.B. Gestik, Bewegung, Stimme, Objekthaftigkeit etc. bestimmten jeweils eine bestimmte Funktion, die Schauspieler für das Bild haben, und über die Bild und Figur in ihren Eigenschaften gestaltet werden. Die Präsenz von Filmschauspielern ist dabei eine filmästhetische Evidenz, die sich über das audiovisuelle Integral ‚Bild' in einem bestimmten Wahrnehmungsmodus der Zuschauer realisiert und sich letztendlich darin als Filmfigur übersetzt. Unter dieser Perspektive hat sich gezeigt, dass Schauspieler in ihrem Spiel nicht nur körperlich-gestische Grundlage für die Figur sind, sondern immer auch bestimmte auditive und visuelle Eigenschaften filmischer Bilder sichtbar werden lassen. Das heißt auch: Schauspieler arrangieren ein Stück weit den Blick, in dem sie sich realisieren, denn dieses Bild ist Realisationsgrundlage der Zuschauerwahrnehmung.

Selbstbild und Identität, Kunst und Leben

Es zeigte sich, dass Schauspieler kontextgebundene Entitäten mit unterschiedlichen, im Werden begriffenen Dimensionen sind (Person, Figur, Imago, Bild, Funktion; narrativ, energetisch, figurativ). Mise-en-Scène bedeutet dabei die Herstellung und Organisation der Relationen, die Bild und Figur determinieren. Aus dieser Verbindung entfaltet sich für die Zuschauer ein Charakter, eine Figur oder eine personale Identität. Mise-en-Scène bedeutet dann nicht nur einfach äußeres Inszenieren im Sinne eines Arrangements oder pragmatischer Schauspielführung. In ihr ist der Zuschauer als Adressat und Realisierender der Kinowirklichkeit mitgedacht. Dabei stellt sich Mise-en-Scène als ordnende Kraft dar, die die Ökonomie des Bildes und der personalen Identitäten bestimmt. Sie ist also nicht nur Inszenierung des Bildes bzw. der Figur, sondern auch ein In-Szene-Bringen des Publikums.

Die Filmfigur als Resultat des In-Beziehung-Bringens ästhetischer Konzepte bzw. Elemente macht deutlich, dass auch sie Bezugssystem sein kann. Ähnlich wie das Dekor als Bezugssystem bei der Modellierung einer visuell-figurativen Ausformulierung der filmischen Figur, fungiert sie als Bezugssystem für die Erzeugung personaler Rollenidentitäten – auch die des Zuschauers, das begründet seine soziale Kompetenz in der Kinosituation. Das Bild einer Person ist dann als bestimmte Form des (Selbst)Entwurfs gedacht, inszeniert durch den Bezug, den sich Schauspieler während ihrer Darstellung zu sich selbst erarbeiten. Personale Identität im Film ist dabei als inkohärente Einheit gedacht, deren Kohärenz erst auf der Ebene des Bildes und seiner Wahrnehmung Erfüllung findet.

Eine Grundbedingung für die filmische Identität von Schauspielern und die Wahrnehmung von Figuren ist dann: nur auf der Ebene einer repräsentierten fiktiven Welt lässt sich die Person des Schauspielers von der filmischen Figur trennen. Auf der Ebene des inszenierten filmischen Bildes bzw. im Wahrnehmungsprozess der Zuschauer schließen sich beide erst zusammen. Auf dieser Ebene – wo der Wirklichkeitsgrad der filmischen Fiktion am höchsten ist – kann überhaupt zwischen filmischen Figuren und der Person der Schauspieler unterschieden werden, gerade weil sowohl die Person des Schauspielers als auch der Figur Resultate der Zusammenarbeit von Mise-en-Scène und Zuschauerwahrnehmung ist. Das Verhältnis von Figur und Schauspieler lässt sich dann nicht mehr in der Unterscheidung von real/fiktiv begreifen, sondern als Pole einer filmischen Wirklichkeit, die als Doppelidentität überhaupt greifbar wird.

In einer solchen Betrachtung löst sich das ganz zu Beginn dieser Überlegungen zitierte Problem Knut Hickethiers auf. Das sichtbare Auftreten der Schauspieler begründet ja gerade ihre Bindung an eine Figur (und unterläuft diese nicht, wie es Hickethier impliziert). Darsteller und Charakter bzw. Schauspieler und Figur schließen sich auf der Ebene des Bildes, d.h. während der Realisierung ihrer Beziehungsmöglichkeiten, zu einem wahrnehmbaren Phänomen zusammen. Schauspieler sind dabei letztlich eine – wenngleich mehrdeutige – Ausdrucksentität, die sich ebenso wie die Figur dem Zuschauer während des filmisches Prozesses erschließt. Der Begriff der Teilidentität beschreibt dementsprechend den Vorgang der Begegnung oder des Zusammenschlusses verschiedener personaler Identitätskonzepte, die auf sichtbar gemachten (film)ästhetischen Vorgängen beruhen.

Während in den meisten Filmen Jacques Rivettes Körper und Spiel auf physiognomischer Ebene die Beziehung von Figur und Schauspieler produzieren, wird deren Beziehung nur als Geheimnis sichtbar. Die Doppelidentität erweist sich als existenzielles Rätsel. Die Ausbildung ihrer Pole drückt sich hier sukzessive in einem Verdunkelungsprozess aus. Im abgeblendeten Bereich ihrer Differenz beschreibt das Spiel diesen verdunkelten Grenzbereich von Identitätskonzepten, ohne allerdings die Doppelidentität ganz aufzulösen. Schauspieler bzw. Figuren bleiben dort rätselhaft, weil die Grenzen personaler Identitäten hinter einem Spiel zurücktreten, das einerseits genau diese Grenzen als Spiel inszeniert und sich andererseits derart mit einer Geschichte (Narration) verbindet, die ein Geheimnis zu ihrem Zentrum macht (ich denke vor allem an LA BANDE A QUATRE, F 1988, LA BELLE NOISEUSE, F 1991 und HISTOIRE DE MARIE ET JULIEN, F 2003).

Bei Rohmer hingegen – vor allem in seinen frühen Filmen – wird die Produktion personaler Identitäten aus dem Verhältnis Schauspieler/Figur wenn nicht immer in grellem Licht, so doch auf sichtbare Momente ihrer Konstitution hin inszeniert. Die Doppelidentität wird als Koexistenz zweier Pole greifbar, die als Konzepte des Gemachten, Sichtbaren und gleichzeitig einer natürlichen Präexistenz identifizierbar sind. Die Selbstbilder, die Schauspieler in ihrer darstellerischen Inszenierung erzeugen, richten sich eben an dieser Idee des Sichtbaren und der Erzeugung einer damit verbundenen Idee eines oft artifiziellen, imaginierten, gewünschten, aufgezwungenen oder unbewusst gestalteten – d.h. produzierten – vorangegangenen Lebens aus. Der Unterschied zum Kino von Cassavetes und Doillon, wie es Anja Streiter formuliert, liegt in der Art und Weise, wie Schauspieler den Bezug zum eigenen Leben spielen. Vor allem bis in die späten Achtziger des letzten Jahrhunderts zeigten Rohmers Filme diesen Bezug in ästhetischen Dimensionen – ein Leben, das bereits ästhetisiert ist. In ihnen wird ein (soziales) Leben sichtbar, das gerade im Begriff ist, sich der ästhetischen Gemachtheit unterzuordnen und dessen Prinzip selbst ein artifizielles Programm ist. Die Geschichten der Figuren befinden sich an einem solchen Reibungsmoment von individuellen und vorstrukturierten Lebensentwürfen.

Schauspieler und Spielraum, Figur und Bildraum

Die Differenz z.B. einer tatsächlichen Person und fiktiven Figur geht, so wurde deutlich, in einer Wahrnehmung auf. In ihr entfalten sich Figuren und Schauspieler äquivalent der Prozession von filmischen Bildern, indem sie sich auf spezifische Art mit dem Bildraum verbinden. Der analytische Blick stellt sich dabei Fragen nach dem kinematografischen Bild selbst, dessen Konzeption in der spezifischen Mise-en-Scène sichtbar wird – eine Philosophie des Bildes wenn man so will.

Mit den drei Analysen wurde paradigmatisch drei Spielarten des Bildes gefolgt. In PAULINE À LA PLAGE zeigte sich das Bild als begrenztes Bildfeld, betont in seiner Flächigkeit und seinen Begrenzungen. Hier gibt es scheinbar keine

Tiefe in den Modi der visuellen Repräsentation. Die sozialen Tableaux mit der durch gestische Typik formatierten Handlung lassen sich so als zweite narrative Ebene verstehen, die parallel zur dramaturgischen Konstruktion des Plots (dieser Vorgang wurde vor allem in den Dialog verlegt) verläuft: die Visualisierung eines narrativen Prinzips in der Kameraperspektive, und eine Interpretation des konventionellen Erzählanfangs. Exposition wird hier figurativ und räumlich übersetzt als Exponierung. Soziale Rollen werden phänomenologisch in einem typologischen Katalog ausgestellt. Schauspieler fungieren in diesem Reigen als bewegliche Elemente zur Perspektivierung sozialer Verhältnisse – und natürlich des Bildes. Als Zeichenträger ihrer eigenen sozialen Realität erfüllt sich ihr Bild im Klischee durch die Übereinstimmung ihrer physischen Erscheinung und ihrem Figurenentwurf.[178] Im Schauspiel wird gleichermaßen, wie die Schauspieler im Blick der Kamera fiktionalisiert werden, das Fiktive dramatisiert: Was Rohmer hier inszeniert ist eine Interpretation von Kino, das eine ökonomische Darstellung einer Welt ist, die aus gerahmten Bildern entsteht – damit ist das Reale als Bezug dieser Darstellung gemeint. Es steht für das Versprechen ein, soziale Verhältnisse sichtbar machen zu können.[179] Das Kino ist eine Bilderwelt, deren Reglement der Ökonomie ihrer Verhältnisse unterliegt, und gleichzeitig aber diese Ökonomie sichtbar zu machen vermag.

Während die Schauspieler durch ihr Spiel die eigene physiognomische Typik zur Inszenierungsgrundlage von Körperlichkeit und eines sozialen Körpers machen, kommentiert die Mise-en-Scène ihre eigene Disposition. In dieser sichtlich durch ästhetische Bearbeitung hervorgerufenen Bildung eines sozialen Ensembles distanziert sich die filmische Repräsentation von der apriorischen Evidenz von Wirklichkeit und zeigt: die Wirklichkeit ist erst nach ihrer ästhetischen Bearbeitung erfahrbar. (LES NUITS DE LA PLEINE LUNE geht noch weiter

---

[178] Auf der Ebene der Inszenierung durch einen Autor lässt sich darin die Inszenierung des Typs als Kommentar zum Diskurs über Schauspieler lesen, der mit einem Klischeebild von Schauspielern operiert und gleichzeitig deren Schicksal wird: die Tatsache, dass das Verhältnis von Arbeit haben und der eigenen Erscheinung nicht wegzudenken ist; das Bemühen um das eigene Aussehen als Arbeit am Typ (das als Arbeit an sich selbst interpretiert wird).

[179] In seinem letzten Buch beschreibt Hermann Kappelhoff dieses Versprechen als Utopie, die einen spezifischen Realismus des Kinos begründet.
Vgl. Kappelhoff 2008.

und sagt: die Wirklichkeit ist ein Konglomerat ästhetisch bearbeiteter Seinskonzepte, die vor allem auf die Umsetzung der eigenen Visualität setzen.)

Die Blickführung innerhalb des Bildes ist analog zum an das Kamerabild gekoppelten Gestus des Zeigens zu verstehen – sie gleicht einer art visueller Gedankenführung. Das Bild wird hier als Feld sozialer Beziehungen erfahrbar, das mit den Augen abgetastet werden kann und deren Konsistenz visuell nachzuvollziehen ist. Der soziale Gestus lässt sich in dieser Perspektive auch auf die Ausdrucksbewegung der Kamera übertragen. Der durch die Kamera gegebene Bildausschnitt wird als Rahmen audiovisueller Bedeutung und Sinnstiftung etabliert; eine formale Interpretation des Bildes als Tableau und eine Interpretation des Tableaus als Feld exponierten Zeigens. Das Bild repräsentiert nicht, sondern ist selbst Repräsentation; d.h. es befindet sich im Modus der Repräsentation (ein Gestus des Zeigens auf übergeordneter Ebene).

Dagegen wird in LES NUITS DE LA PLEINE LUNE das Bild weniger als rahmendes Bildfeld thematisiert, sondern als ein in seinen Tiefen, Flächen, Volumen und Linien betonter Raum inszeniert. Der konkrete Architekturraum und seine Bedeutung (Zimmer, Café, Treppe, Büro) ist von dem durch die Kamera geschaffenen Bildfeld nicht zu trennen, weil er nicht einfach a priori für sich besteht, sondern in seiner Konsistenz erst durch Inszenierung und Kadrage entsteht. Darin bietet dieser filmische Architekturraum den Schauspielern Bezugssysteme für ihr Spiel. In dieser Beziehung zum Spielraum geht es weniger um Sichtbarkeit wie in PAULINE À LA PLAGE, sondern vielmehr um Spiel als Einsatz von Körpervolumen, um die Spannungsräume energetischer Linien und die Integration des Körpers als Energie-, Volumen- und Formenträger. Schauspiel wird hier weniger in seiner Selbstbezogenheit, sondern in Dimensionen sinnlicher, sensorischer Wahrnehmung des umgebenden Raums interpretiert. Zu schauspielern bedeutet dabei, elementar wahrzunehmen und dieses Wahrnehmen zu übersetzen in eine sicht- und hörbare Aktion, Haltung oder Veränderung der Körperlichkeit. Während Raum und Gefühl, Bewegung, Leben und Präsenz miteinander verknüpft werden, findet eine Ästhetisierung des Alltags und des Lebens zu einem modischen Lebensgefühl statt.

Auf der Leinwand sind dann der repräsentierte Charakter und dessen Repräsentation nicht mehr voneinander zu trennen. Übertragen auf das Verhältnis von Figur und Schauspieler bedeutet dies, dass beide in dem oben beschriebenen Bildbegriff aufgehen und als zwei Pole eines Bildes auftreten. Diese Pole sind auf der Ebene der Identität einer Person weiter oben als Teilidentität bezeichnet worden.

Das Bild lässt sich hier als dynamische Einheit verstehen, die Räume und Körper produziert – auch hier wieder die Frage nach Repräsentation und eine mögliche Antwort: es gibt hier keinen apriorischen Raum. Dieser Raum geht gerade durch seinen Bezug auf das Erscheinen einer Figur über einen reinen Architekturraum hinaus. Er wird zu einem Teil des Bildraumes. Diesen beschreibt Hermann Kappelhoff treffend wie folgt:

> „Der Raum ist hier keine apriorische Gegebenheit der Alltagswahrnehmung mehr: die räumlichen Koordinaten unserer Wahrnehmung stellen vielmehr selbst ein Element der Bewegungskomposition dar, sind in das kinematografische Bewegungsbild hineingezogen worden. In diesem Sinne ist das berühmte Zitat Erwin Panofskys zu verstehen, der von der ‚Dynamisierung des Raums' und der ‚Verräumlichung von Zeit' spricht. Mit Blick auf die Kamera und die Montage ist der Raum selbst eine Funktion der Komposition, ein Raumkonstrukt, ein Raumbild, ein Effekt der Bewegungsfiguration: Als solcher will er selbst in seiner Komponiertheit als etwas Dargestelltes wahrgenommen, d.h. auf Intention, sinnhafte Struktur und Ausdruck bezogen sein."[180]

In dieser Sicht lässt sich die Inszenierung des Alltags in Rohmers Filmen nur noch aufrechterhalten, wenn man diesen als gemachtes Konstrukt zu akzeptieren lernt. Insofern eine genauere Beobachtung und eher analytische als repräsentative Interpretation des Alltäglichen durch Rohmer. Hier zeigt sich Alltag als Ergebnis von Regeln, Grenzen, Haushalt von Zeit, Topografie und Emotion – als Resultat einer Ökonomie, die gesellschaftlichen Forderungen folgt.

Mise-en-Scène ist dann Inszenierung auch eine grafische, energetische, rhythmische und sinnlich-materielle Gestaltung des Bildes und darin – ähnlich wie in der Malerei – die Erzeugung eines Bildraumes. Dieser Bildraum stellt letztlich das Universum dar, innerhalb dessen Figuren, Konzepte, sinnliche Ereignisse und intellektuelle Reflexion, kulturelle und soziale Normen miteinander

[180] Kappelhoff 2008, S. 24.

in Beziehung gebracht und zu einem ästhetisch bearbeiteten bzw. wahrnehmbaren Gesamtbild zusammengeschlossen werden. Es ist ein atmosphärisches Bild mit wechselnden Temperaturen und Härtegraden.

Bild und Raum beschreiben sich nicht nur in sichtbaren Elementen, sondern auch im Off und die Zuschauerposition, die sie erzeugen. Erst diese Gesamtheit schafft einen dynamischen Raum, der aus der Wahrnehmung aller Bilder entsteht: das, was Eric Rohmer Filmraum und Hermann Kappelhoff Bildraum nennt.[181]

Der Begriff des Spielraums kann dahingehend als Abstand bezeichnet werden, als ein dynamischer Prozess der Differenzierung und Annäherung von Schauspieler und Figur. Durch das Improvisationsspiel wird in LE RAYON VERT dieser Abstand weniger in gestischen Physiognomien oder räumlichen Verhältnissen entfaltet, sondern in seiner zeitlichen Ausdehnung wahrnehmbar und als Entstehungsprozess der Figur manifest. Er beschreibt darin die filmische Zeit, deren Form sich in Prozessen ausdrückt: Empfindung (Tränen einer Figur und das Rauschen des Windes), Wahrnehmung, Suche, Lebensgefühl.

Der Spielraum ist also der Ort, an dem dieser Prozess (gleich in welcher Form) stattfindet. Er wird von den ästhetischen Bezugssystemen und Darstellern gemeinsam modelliert. Im Anschluss an die Überlegung zur Entstehung der Figur bedeutet dies, dass über die Verbindung der Schauspieler mit den anderen ästhetischen Parametern des filmischen Bildes nicht nur Bild-, sondern letztlich auch Erzählräume mitbestimmt werden. Unter Betonung der zeitlichen Entwicklung der Zuschauererwartung und ihrer Analogisierung mit dem Warten der Figur auf den Moment der ‚Erlösung' (das grüne Leuchten und die Begegnung mit dem ‚Märchenprinzen') zeigt LE RAYON VERT: eine mögliche Form der Identifikation von Zuschauern und Figur drückt sich in einer zeitlichen Entwicklung aus, in einem Äquivalenzverhältnis von Zuschauern und Schauspielern - Grundlage der Identifikation ist also nicht Projektion. Formelle Grundlage für beide Ebenen ist die Strukturierung einer noch unformatierten, filmischen Zeit.

[181] Rohmer 1980. und Kappelhoff 1994 und 2004.

Die Filmfigur ist dann auch ein Effekt der zeitlichen Wahrnehmung des Zuschauers. Dieser Umstand macht sichtbar, dass Mise-en-Scène auch ein dynamischer Prozess ist, ein paralleles Zusammenwirken zweier Grundenergien oder Parallelbewegungen – personell identifizierbar mit filmischen Figuren und den Zuschauern. Auf einer anderen Ebene sind dies eine ordnende, konfrontierende, arrangierende, in das Material eingreifende Kraft (im Autorenbegriff personell ausgestattet) und eine aus dem Zusammenspiel der Bildelemente sich entwickelnde Dynamik. Das jeweils spezifische Zusammenspiel dieser Energien begründet die Ökonomie des kinematografischen Bildes. Im Begriff der Mise-en-Scène ist also die Idee von Wahrnehmung (das Bild als Wahrnehmung und der wahrnehmende Zuschauer) mitgedacht, was dem allgemeinen Gebrauch des Begriffs ‚Inszenierung' abgeht. Drei jeweils spezifische Arten dieser Verhältnisse hoffe ich in den vorangegangenen analytischen Szenerien als Konzepte von Figureninszenierung sichtbar gemacht zu haben.

Rohmer und das Kino

Die bürgerliche Kultur… und die im Dunkeln sieht man nicht

Das Versprechen, alles sichtbar machen, lesbar und damit verhandelbar machen zu können zeigt sich besonders gut anhand des Films PAULINE À LA PLAGE, indem es dort zum Thema sowohl der visuellen Inszenierung als auch der Story gemacht wird. Denn, so formuliert es Hermann Kappelhoff,

> „Im Blick der Kamera verwandelt sich alle sinnliche Erscheinung gleichförmig in eine vieldeutige Zeichenhaftigkeit, die der Wahrnehmung jedes Einzelnen zugänglich wird. Und das eben ist es, was mit den kinematografischen Bildern vehement in das ästhetische Denken eingebracht wurde: das Bewusstsein einer spezifischen Zeichenhaftigkeit, einer Lesbarkeit, die der alltäglichen Lebenswelt, den beliebigen Gesten und Verhaltensweisen, den gewöhnlichen Straßenszenen, den Wohnungen und Stadtlandschaften selbst innewohnt. Walter Benjamin spricht deshalb vom Lesen und von der Beschriftung, wenn er das Montagekonzept Eisensteins mit dem epischen Theater Brechts vergleicht."[182]

[182] Kappelhoff 2008, S. 16.

Aus seiner Kopplung an die Tradition des Sichtbarwerdens im Empfindsamen Theater kommentiert dieses Primat des Sichtbaren psychologische Kohärenz und Selbstverwirklichung als bürgerliche Kulturpraxis. Denn „...die im Dunkeln sieht man nicht".

Viele Filme Rohmers stellen auf der Ebene des Schauspiels das Sichtbarmachen dieses Primats dar und verknüpfen Schauspielkunst als Entwurf eines Selbst an die Idee eines bürgerlichen Subjekts. Verhandeln Rohmers Filme dies immer wieder, so macht PAULINE À LA PLAGE diese kulturelle Praxis des Sichtbaren in ihren sozialen Dimensionen besonders deutlich. Dieser Film lässt den Wettbewerb äußerer Reize, der Fähigkeiten verbalen Verhandelns, Selbstentäußerns und Überzeugens zum Dreh- und Angelpunkt der Erzählung und sozialen Gruppenbildung werden.

Doch der Blick selbst, durch den dies offensichtlich wird, ist bürgerlich klassifiziert. Er hat vorgegebene Rahmenbedingungen, aus denen er nur schwer auszubrechen vermag. Die Kamera wird hier nicht zur radikalen Waffe des revolutionären Rebellen, sondern stellt ihre eigene bürgerliche Herkunft heraus. Das ‚bürgerliche Zuschauen' ist ein Blick, der von historisch gewachsenen Konventionen geprägt ist. In PAULINE À LA PLAGE wird er selbst Teil des Komödienspiels. Es ist nicht zu vergessen, dass im Zentrum der Intrige dieses Films ein Ereignis steht, das gerade durch seine Uneinsichtigkeit wirkt. Es gibt noch ein Geheimnis hinter dem Augenscheinlichen, keine vollkommene Evidenz. Das Schauspiel reflektiert in diesem Film eine äußere Bewegtheit, die sich authentische Innerlichkeit nur noch ironisch wünschen kann. Denn interessanterweise ist es die Figur Pauline, die am wenigsten einsehbar, dafür aber am natürlichsten, authentischsten erscheint.

In LE RAYON VERT wird die innere Bewegtheit unmittelbar als unfertige Äußerung sichtbar. Das bürgerliche Zusehen scheitert auch hier. Diesmal weniger an der Oberflächlichkeit vorformatierter Erscheinungen, sondern an der Uneinsichtigkeit der psychologischen Konzeption der Figur (in LES NUITS DE LA PLEINE LUNE sind es die Unlösbarkeit der Konflikte und gestörte Kommunikation).

In einer bislang unerwähnt gebliebenen Szene sondert sich die Protagonistin Delphine von der Gruppe ab. Während die anderen am Strand surfen, schwimmen und spazieren gehen, wandert sie hinter den Dünen ziellos umher. Lediglich der Wind lässt das nahe Meer ahnen. Am Ende eines Weges bricht sie in Tränen aus.

Während die Protagonistin weint, sucht der Zuschauer nach Gründen, um die psychologische Logik der Figur herzustellen. Möglichkeiten gibt es viele – Einsamkeit, Sehnsucht, Glück des Alleinseins, Trauer über verfehlte soziale Zugehörigkeit aufgrund von Normunterschieden, emotionale Entspannung oder Lösung angesichts des rauschenden Windes. Dramaturgisch wäre alles möglich aber nichts zwingend. Die Divergenz der psychologisch motivierenden Möglichkeiten für das Weinen zur Festigung einer kohärenten Figur lässt auch nicht zu, dass alles auf einmal zutrifft.

Hier wird der Zuschauer mit seinem möglichen Reflex der psychologischen Projektion konfrontiert. Sein Sehen wird mit der Tradition des bürgerlichen Schauspiels verknüpft, gerade weil diese Szene sich der Logik psychologischer Innenschau verweigert. Dieses Unverständlichbleiben der Figur wird im Verlauf des gesamten Films substituiert durch Rekurse auf populäre Erklärungsformen nicht unmittelbar sichtbarer Phänomene (z.B. der Glaube an Karten, das Horoskop etc.) und durch das soziale Umfeld Delphines vertreten.

Die Logorrhöe der Figuren in Rohmers Filmen verstehe ich als überinszenierte, ins Wuchern geratene bürgerliche Traditionen (PAULINE À LA PLAGE, MA NUIT CHEZ MAUD, LE GENOU DE CLAIRE, LE BEAU MARIAGE, CONTE DE PRINTEMPS). Analog zum Sichtbarkeitsprimat beschreibt sich Bürgerlichkeit dort als Kultur der Selbstverwirklichung, ob sie nun scheitert oder nicht. Die Dialoge sind wie Versuche einer Selbstversicherung, eine Konstitution von Selbstbewusstsein, das seine Kraft häufig aus Wissen und Meinung zieht. Schaut man sich an, wohin diese Äußerungen auf der Ebene der Erzählung führen bzw. welche Konsequenzen sie haben – meistens nämlich keine – lassen sie sich als Versuch verstehen, eine im Auflösen begriffene, identitätsstiftende Kultur zu erhalten.

In LES NUITS DE LA PLEINE LUNE friert diese Kultur auf verbaler Ebene ein und äußert sich in einem formatierten Lebensgefühl, das mit Designobjekten und konventionalisierten Bewegungsformen ausgestattet wird, damit es Form, Farbe und Lebendigkeit bekommt. LE RAYON VERT bringt diese Erstarrung wieder in Bewegung. Die formatierte bürgerliche Selbstverwirklichung ist ins Leere gelaufen und braucht hier am deutlichsten die Romantik und den Pop als Hilfskonstruktionen. Auf der anderen Seite Delphines gerät das Lebensgefühl wieder in ein erstes Stottern, das vom Common Sense überplappert zu werden droht.

In diesem Sinne verstehe ich auch die vielen intertextuellen Hinweise auf Philosophie (Rousseau in LA COLLECTIONNEUSE oder Pascal in Ma NUIT CHEZ MAUD beispielsweise), mit denen sich Rohmer in einer eindeutig bürgerlich-akademischen Tradition einreiht. Es geht weniger darum, wie bewusst der Regisseur diese Bezüge einbaut und benutzt, sondern vielmehr um sein Operieren als Filmemacher an der Oberfläche und in den Untiefen dieser, seiner eigenen (?), bürgerlichen Tradition. Sein Kino sucht nicht nach einer radikalen Politik oder ideologischen Umkehrung, sondern nach einem Bewusstmachen und einer kulturellen Einordnung der eigenen Position; eine Innenschau aus der bügerlichen Kultur selbst heraus. Aus diesem Grund ist es teilweise nachzuvollziehen, dass ihm, abgesehen von seinen Positionen als Chefredakteur der *Cahiers du Cinéma*, kategorisch eine konservative Haltung vorgeworfen wurde.

Aus dieser Sicht bieten Figuren eine Reibungsfläche für Identitätskonzepte. Sie bieten die Kompensation von eigentlich im Übergang begriffenem und funktionieren als Brücke zwischen Identitätsweisen, die außerhalb allgemeiner Verabredungen des Common Sense liegen. In gewissem Sinne sind sie auch Hilfskonstruktionen, an denen sich eine Hoffnung reflektieren lässt, nonkonformistische Identitätskonzepte wieder gesellschaftsfähig machen zu können, gerade weil sie es nicht schaffen.

Kino des Sozialen

In den Filmen Rohmers wird das Kino als Handlungsraum einer sozialen Wirklichkeit ausgelotet. Aber nicht im Sinne der Wirklichkeit per se und ihrer Abbildung – denn PAULINE À LA PLAGE hat ja gezeigt, dass Kino nicht mehr im Repräsentationsmodus gedacht werden kann. Die Idee der absoluten Sichtbarkeit des Sozialen und ihre Grenzen zeigt dieser Film besonders gut, denn hier wurde die soziale Wirklichkeit nach dem Prinzip des Präsentierens ästhetisiert.

Das Schauspiel realisiert Sozialität in offensivster Form, weil hier Menschen und ihre Beziehungen im Mittelpunkt stehen. Schauspielkunst wird in vielen Filmen Rohmers zu einer künstlerischen, d.h. mehr oder weniger bewussten Formulierung der Aspekte des Sozialen und dessen Grenzen, auch weil sich die Schauspieler selbst zum Bezugssystem machen. Sie werden dabei zu Mediatoren, die die sozialen Muster des Verhaltens und der Mode beherrschen. Gegenstand des Spiels ist dabei immer die Grenze, entlang derer ihre Rolle als Schauspieler oder Figuren in diesen Mustern aufgeht oder sich davon wegbewegt.

Ihr Spiel selbst kann zu einer Befreiungsbewegung von den Restriktionen dieser Art ökonomischer Repräsentation werden.[183] Spiel und Selbstdarstellung der hier besprochenen Filme sind durch Restriktionen innerhalb des Sozialen geprägt, die in der Ökonomie der Bilder manifest werden. Dabei können die Freiheiten, aber auch das Zwanghafte z.B. in Form normativen Verhaltens von Sozialität werden.

Als Raum der Beziehungen und Bezugnahmen beschreibt Rohmers Kino das filmische Bild als sozialen Raum. Es bewegt sich im Modus der Draufsicht, um für die Zuschauer Verhältnisse in ihren zwischenmenschlichen und gesellschaftlichen Mechanismen, ihrer Typik, Atmosphäre, Statik und Bewegung erkennbar werden zu lassen – ein Bild gemeinschaftlichen Mit- und Gegeneinanders in der Alltagskultur. Über das kinematografische Bild wird Sozialität in den Dimensionen ihrer ästhetischen Wirklichkeit sichtbar und zu einem konstruktiven Feld für die Wahrnehmbarkeit gesellschaftlicher Wirklichkeiten. Das Bild hat in diesem Prozess die Möglichkeit, mehr zu sein als ästhetisches Produkt.

---

[183] Dies ist auch auf der Ebene des gesamten Produktionsprozesses zu verstehen.

Diese Art des filmischen Zeigens formuliert eine Idee von Kino als möglichen Ort kultureller Praxis, an dem gesellschaftliche Verhältnisse verhandelt werden können. Rohmers konstruktivistischer Umgang mit dem Filmbild bringt die ästhetischen Möglichkeiten der sozialen Wirklichkeit und der Realität des Kinos miteinander in Beziehung. So lässt sich Hermann Kappelhoffs Äußerung über die Anschaulichkeit des Sozialen in der Übertragung auf ein Kino der Erfahrung für das Kino Rohmers geltend machen:

> „Die Bildräume des Kinos erschließen die äußere Wirklichkeit als ein Feld möglicher Erfahrung sozialer Realität. Eine Realität der Gesellschaft, die sich darstellt in den Haltungen und Gesten der Körper, in den räumlichen Oberflächenkonfigurationen so gut wie in den emotionalen Atmosphären, in den Wahrnehmungsweisen und Blickmodulationen der Kamerainszenierung. Sie stellt sich dar als Erfahrung der Wirklichkeit im Modus der Möglichkeit."[184]

Das Kino, ein politischer Ort, aber kein Ort der Agitation, der Propaganda oder Ideologien.

Versteht man die filmische Ästhetik (das Infragestellen alter Repräsentationsmuster, Entstehung von sozialer Identität und Beziehung innerhalb ästhetischer und artifizieller Grundmuster etc.) als Realismuskonzept, lässt sich deutlich darstellen, dass ‚Realität' und ‚Fiktion' mit ästhetischen und begrifflichen Konventionen belegt sind. Das gilt selbstverständlich auch für den Blick, mit dem ein Film gesehen wird, denn er ist genauso von allgemeinen wissenschaftlichen, ästhetischen oder sozialen Übereinkünften geprägt.

Blick auf den Autor

Eine Bemerkung der Filmemacherin und Autorin Tamara Traczs lässt Eric Rohmers Film TRIPLE AGENT (F, I, E u.a. 2004) als Ausblick auf die Bedeutung von Schauspielern für das filmische Gesamtwerk eines Autorenentwurfes interessant werden. Sie beschreibt die Figurenkonzepte und das Spiel der Schauspieler als paradigmatisch für das Autorenselbstverständnis Eric Rohmers.

TRIPLE AGENT stellt die Frage nach den Schauspielern, in ihrem Verhältnis zu hochkomplexen, nahezu undurchsichtigen Figuren. Dahingehend erschei-

---

[184] Kappelhoff 2008, S. 63.

nen die Figurenkonzepte in ihrer Darstellung und Wahrnehmung wie blinde Flecken, die sich nicht überwinden lassen und sogar das Ende des Films beschließen, das statt eine Aufklärung des Geheimnisses um den Protagonisten zu geben und dessen Geheimnis noch einmal festigt. Weniger das Kristallisieren von Typen und Konventionen, sondern deren totale Undurchsichtigkeit bestimmt die Identität der personalen Einheiten der Figuren. Rohmer löst damit auf, was er sich über seine ersten beiden Zyklen verfestigen ließ und wendet sich gegen die Normkategorie des einsichtigen Selbst.

Die Idee von einem undurchsichtigen Selbst, das mit dem Bild der Schauspieler entworfen wird, funktioniert in der Sicht Traczs als porträtiertes Selbst des Autors. Sie schreibt:

> „If *Triple Agent* is a self-portrait, then it is the portrait of the self as an essentially unknowable entity. The self can function in many different roles and with many different people, but which ultimately can not be understood from the outside, even by those to whom it is closest.“[185]

Ähnlich ist auch für Antoine de Baecque das Porträt eines Selbst der Figuren – das von den Schauspielern umgesetzt wird, die wiederum vom Regisseur/*Auteur* in Szene gesetzt werden – auch ein Bild des *Auteurs*.[186] Aus dieser Perspektive lässt sich ein kritischer Ansatzpunkt entwickeln, mit dem sich die Inszenierung eines Autoren-Selbst über die Inszenierung der Schauspieler entschlüsseln lässt. Beide Ansätze jedenfalls machen deutlich, dass das Konzept des Autoren im Kino auch ein Resultat von Normkategorien des Selbst ist. Dies bedeutet eine Wendung des konventionalisierten Autorenbegriffs, wie er innerhalb filmhistorischer Auseinandersetzungen lange instrumentalisiert wurde.[187] Zuletzt war es Anja Streiter, die über das Konzept von Filmschauspiel ihren Begriff eines Autorenkinos entwarf.

---

[185] Tracz, Tamara (2005) „'Triple Agent': Portrait of the Unknowable Other, Reflection of the Unknowable Self", in: *sensesofcinema.com* (2005), S. 1. http://www.sensesofcinema.com/contents/05/34/triple_agent.html

[186] Baecque, Antoine de (2001) „La cinéphilie a-t-elle aimé les acteurs?", in: *Brûler les planches, crever l'écran. La présence de l'acteur,* hrsg. von Farcy, Gérard-Denis / Predal, Réne. Saint-Jean-de-Védas: L'entretemps éditions, S. 115-130.

[187] Godard erwiese sich als Gegenposition zu Rohmer. Er inszeniert sich im Kontext eines Autorensystems, das die Stelle des Stars im Starsystem mit der Position des *Auteurs* im Autorensystem besetzt.

In der Rohmer'schen Mise-en-Scène spiegeln sich beständig zwei Kräfte des Wirklichen: die ästhetische Realität und deren Produktion. Geht man davon aus, dass sich Rohmer als Autor inszeniert, dann als einer, der sich aus seinen Bildern als Subjekt herauszieht, um in der Konstruktion eine bestimmte Form von Objektivität zu schafft. Darin konstituiert sich der Autor als konstruktive Kraft, um als Subjekt hinter den Entwürfen des Selbst der Figuren und Schauspieler zurückzutreten. Ähnliches stellt Anja Streiter für das Autorenkinos Jacques Doillons fest – nur dass es sich dort ganz anders äußert, weil die Bezugssysteme anders organisiert sind und mit einer anderen Idee von Bild gearbeitet wird.

Das Ausstellen der Inszenierung (der Raum als etwas Dargestelltes, das die Figur entwirft und von ihr zur Repräsentation genutzt wird) macht das Kino Rohmers zu einem Raum, in dem alles als Darstellung wahrgenommen werden will – der Schauspieler, die Figur, der Autor, das Selbst.

LITERATUR

Antonioni, Michelangelo (1967) „Gedanken über den Schauspieler“ [1961], in: *Filmkritik 11/67*, S. 639-646.

Astruc, Alexandre (2001) „Die Geburt einer neuen Avantgarde: Die Kamera als Federhalter“ [1948], in: *Dogma95,* hrsg. von Hallberg, Jana / Wewerka, Alexander. Berlin: Alexander Verlag, S. 385-389.

A.T. (1958) „Viaggio in Italia“, in: *Monthly Film Bulletin,* Nr. 290 (1958), S. 33.

Baecque, Antoine de (2001) „La cinéphilie a-t-elle aimé les acteurs?“, in: *Brûler les planches, crever l'écran. La présence de l'acteur,* hrsg. von Farcy, Gérard-Denis / Predal, Réne. Saint-Jean-de-Védas: L'entretemps éditions, S. 115-130.

Balázs, Béla (2001) *Der sichtbare Mensch oder die Kultur des Films* [1924], Frankfurt/Main: Suhrkamp.

Barthes, Roland (1974) „Diderot, Brecht, Eisenstein“, in: *Filmkritik 11/74*, S. 496-501.

Baudry, Jean-Louis (1967) „Person, Personne, Persona“, in: *Filmkritik*, 11/67, S. 607-610.

Bazin, André (1975) *Was ist Kino? Bausteine zur Theorie des Films*, Köln: DuMont Schauberg.

Bellour, Raymond (2000) „To Enunciate. (on *Marnie*)“, in: ders.: *The analysis of Film.* Bloomington u.a.: Indiana Univ. Press, S. 217-237.

Bergala, Alain / Philippon, Alain (1984) „Eric Rohmer. La grâce et la rigueur“, in: *Cahiers du Cinéma*, Nr. 364 (1984), S. 8-15.

Bergala, Alain (1984) „La méthode“, in: *Cahiers du Cinéma*, Nr. 364 (1984), S. 6-7.

Bergala, Alain (1986) „Retour à Stromboli", in: *Cahiers du Cinéma*, Nr. 387, (1986), S. 23-24.

Bickerton, Emilie (2008) „Kritiker und Cineasten. Die ‚Cahiers du Cinéma' – Stationen einer legendären Filmzeitschrift.", in: *Lettre International*, Heft 80 (2008), S. 84-91.

Blank Richard (2001) *Schauspielkunst in Theater und Film. Strasberg, Brecht, Stanislawski.* Berlin: Alexander Verlag.

Blüher, Dominique (1999) „Französische Ansätze zur Analyse der filmischen Figur", in: *Der Körper im Bild: Schauspielen – Darstellen – Erscheinen*, hrsg. von Heller, Heinz B. / Prümm, Karl / Peulings, Birgit (1999). Marburg: Schüren, S. 61-70.

Bonitzer, Pascal (1983) „Une image peut en cacher une autre", in: *Cahiers du Cinéma*, Nr. 346 (1983), S. 15-17.

Bonitzer, Pascal (1991) *Eric Rohmer.* Paris: Editions de l'étoile / CdC.

Brecht, Bertold (1993a) „Gestik", in: ders.: *Schriften 1942-1956,* hrsg. von Werner Hecht u.a. (1993), Bd. 23. Frankfurt/M. u.a.: Suhrkamp/Aufbau-Verlag, S. 87-88.

Brecht, Bertold (1993b): „Kleines Organon für das Theater", in: ders.: *Schriften 1942-1956*, hrsg. von Werner (1993), Bd. 23. Frankfurt/M. u.a.: Suhrkamp/Aufbau-Verlag, S. 65-97.

Brecht, Bertold: „Über den Gestus", in: ders.: *Schriften 1942-1956* , hrsg. von Werner Hecht u.a. (1993), Bd. 23. Frankfurt/M. u.a.: Suhrkamp/Aufbau-Verlag, S. 188-189.

Brenez Nicole (1998) *De la figure en général et du corps en particulier. L'Invention figurative au cinéma.* Paris/Bruxelles: De Boeck Université.

Cazals, Thierry / Toubiana, Serge (1988) „Les lois du rire et de l'émotion. Entretien avec Fabrice Luchini", in: *Cahiers du Cinéma*, Nr. 407-408 (1988), S. 47-50.

Deleuze, Gilles (1998) *Das Bewegungs-Bild. Kino 1.* Frankfurt/M.: Suhrkamp.

Deleuze, Gilles (1999) *Das Zeit-Bild. Kino 2.* Frankfurt/M.: Suhrkamp.

Devoucoux, Daniel (2007) *Mode im Film. Zur Kulturanthropologie zweier Medien.* Bielefeld: transcript.

Diderot, Denis (1967) „Das Paradox über den Schauspieler“ [1770-1773], in: ders.: *Ästhetische Schriften*, Bd. 2. Berlin/Weimar: Aufbau-Verlag, S. 481-539.

Dubroux, Danièle (1983) „Le caprice de Marion“, in: *Cahiers du Cinéma*, Nr. 346 (1983), S. 13-14.

Dyer, Richard (1986) *Heavenly Bodies: Film Stars and Society.* New York: St. Martin's Press.

Eder, Jens (2006) „Imaginative Nähe zu Figuren.“, in: *montage a/v* 15/2 (2006), S. 135-160.

Etchegaray, Francoise (1986) „Eric Rohmer en tournage. À la poursuite du Rayon vert“, in: *Cahiers du Cinéma*, Nr. 387 (1986), S. 26-27.

Felten, Uta (2004) *Figures du désir. Untersuchungen zur amourösen Rede im Film von Eric Rohmer.* München: Wilhelm Fink Verlag.

Frisch, Simon (2007) *Mythos Nouvelle Vague. Wie das Kino in Frankreich neu erfunden wurde.* Marburg: Schüren.

Frodon, Michel (1995) *L'age moderne du cinéma français. De la nouvelle vague à nos jours.* Paris: Flammarion.

Grob, Nobert / Kiefer, Bernd / Klein, Thomas / Stiglegger, Marcus (Hg.) (2006) *Nouvelle Vague.* Mainz: Bender.

Grob, Norbert / Kiefer, Bernd (2006) „Mit dem Kino das Leben entdecken. Zur Definition der Nouvelle Vague“, in: *Nouvelle* Vague, hrsg. von Grob, Nobert / Kiefer, Bernd / Klein, Thomas / Stiglegger, Marcus (2006). Mainz: Bender. S. 8-27.

Heller, Heinz B. / Peulings, Birgit / Prümm, Karl (Hg.) (1999) *Der Körper im Bild: Schauspielen – Darstellen – Erscheinen.* Marburg: Schüren.

Hertay, Alain (1998) *Eric Rohmer. Comédies et proverbes.* Liège: Éditions du CÉFAL.

Knut Hickethier (1999) „Der Schauspieler als Produzent. Überlegungen zur Theorie des medialen Schauspielens.", in: *Der Körper im Bild: Schauspielen – Darstellen – Erscheinen*, hrsg. von Heller, Heinz B. / Prümm, Karl / Peulings, Birgit (1999). Marburg: Schüren, S. 9-30.

Kappelhoff, Hermann (1994) *Der möblierte Mensch. Georg Wilhelm Pabst und die Utopie der Sachlichkeit.* Berlin: Vorwerk 8.

Kappelhoff, Hermann (1999) „Gestische Emblematik. Fassbinders Katzelmacher und Brechts sozialer Gestus", in: *Schauspielen und Montage. Schauspielkunst im Film.* Zweites Symposion (1998), hrsg. von Hickethier, Knut (1999). St. Augustin: Gardez! Verlag, S. 193-221.

Kappelhoff, Hermann (2004) *Matrix der Gefühle. Das Kino, das Melodrama und das Theater der Empfindsamkeit.* Berlin: Vorwerk 8.

Kappelhoff, Hermann (2008) *Realismus: Das Kino und die Politik des Ästhetischen.* Berlin: Vorwerk 8.

Klein, Thomas (2006) „Über das Augenscheinliche hinaus. Eric Rohmer.", in: *Nouvelle Vague*, hrsg. von Grob, Nobert / Kiefer, Bernd / Klein, Thomas / Stiglegger, Marcus (2006). Mainz: Bender, S. 118-129.

Kiefer, Bernd (1998) „Method! – What Method? Heat!", in: *Schauspielkunst im Film*, hrsg. von Koebner, Thomas (1998). St. Augustin: Gardez! Verlag, S. 107-123.

Kooij, Fred van der / Messerli, Alfred (1992) „Ein Gespräch über Theorie und Praxis der Schauspielkunst im Film.", in: *Filmschauspielerei.* [Cinema 38], hrsg. von Messerli, Alfred / Osolin, Janis. Basel/Frankfurt/M.: Stroemfeld, Roter Stern, S. 30-56.

Lowry, Stephen / Korte, Helmut (2000) *Der Filmstar*. Stuttgart: Metzler.

Luhmann, Niklas (1994) *Liebe als Passion. Zur Codierung von Intimität.* [1982] Frankfurt am Main: Suhrkamp.

Naremore, James (1988) *Acting in the cinema.* Berkeley/Los Angeles/London: University of California Press.

Nacache, Jacqueline (2005) *L'acteur de cinéma.* Paris: Armand Colin.

Patalas, Enno (1967) „Das Ende der Stars", in: *Filmkritik 4/67*, S. 223-225.

Ramasse, François (1985) „L'espace des sens ", in: *Eric Rohmer 1,* hrsg. von Michel Estève (1958). Paris: Minard, S. 51-62.

Rohmer, Eric (1980) *Die Organisation des Raums in Murnaus Faustfilm.* [1977] München: Carl Hanser Verlag.

Rohmer, Eric (1987) *Meine Nacht bei Maud. „Sechs moralische Erzählungen". Ein Filmzyklus*, hrsg. von Weber, Hans Jürgen (1987). Frankfurt/Main: Fischer.

Rohmer, Eric (1999) *Comédies et proverbes*, Vol.1. Paris: Cahiers du Cinéma.

Rohmer, Eric (1999) *Comédies et proverbes*, Vol.2. Paris: Cahiers du Cinéma.

Rohmer, Eric (2000) *Der Geschmack des Schönen,* hrsg. von Seibert, Marcus (2000). Frankfurt/Main: Verlag der Autoren.

Seibert, Marcus (2004) „interview: eric rohmer", in: *Revolver*, Heft 11 (2004), S. 7-26.

Serceau, Michel (2000) *Eric Rohmer. Les jeux de l'amour, du hasard et du discours.* Paris: Éditions de cerf.

Streiter, Anja (1995) *Das unmögliche Leben. Filme von John Cassavetes.* Berlin: Vorwerk 8.

Streiter, Anja (2002) „Die Frau, die weint. La femme qui pleure – ein Film von und mit Jacques Doillon“, in: *nachdemfilm.de*, n°4 (2002), http://nachdemfilm.de/no4/str01dts.html

Streiter, Anja (2004) „Das Kino der Körper und die Frage der Gemeinschaft. Autorenkino und Filmschauspiel“, in: *nachdemfilm.de*, n°5 (2004), http://www.nachdemfilm.de/no5/str02dts.html

Streiter, Anja (2006) *Jacques Doillon. Autorenkino und Filmschauspiel*. Berlin: Vorwerk 8.

Taylor, Henry M. / Tröhler, Margrit (1999) „Zu ein paar Facetten der menschlichen Figur im Spielfilm“, in: *Der Körper im Bild: Schauspielen – Darstellen – Erscheinen*, hrsg. von Heller, Heinz B. / Prümm, Karl / Peulings, Birgit. Marburg: Schüren, S. 137-151.

Thirion, Antoine (2004) „Les pauses d'Haydée.“, in: *Cahiers du Cinéma,* Nr. 588 (2004), S. 27.

Tracz, Tamara (2005) „'Triple Agent': Portrait of the unknowable Other, Reflection of the unknowable Self“, in: *sensesofcinema*, http://www.sensesofcinema.com/contents/05/34/triple_agent.html

Tröhler, Margrit (2002) „Von Weltkonstellationen und Textgebäuden. Fiktion – Nichtfiktion – Narration in Spiel- und Dokumentarfilm“, in: *montage a/v*, 11/2 (2002), S. 9-41.

Wulff, Hans J. (2006) „Attribution, Konsistenz, Charakter. Probleme der Wahrnehmung abgebildeter Personen.“, in: *montage a/v* 15/2 (2006), S. 45-62.

Zeitschriften/Sonderausgaben:

Cahiers du Cinéma, „Acteurs“, Nr. 407-408 (1988).

Cahiers du Cinéma, „Rohmer“, Nr. 588 (2004).

Théâtres au Cinéma, „Patrice Chéreau, Jean Genet, Bernard-Marie Koltès“, 10ème festival, 17 au 30 mars 1999, Bobigny / Paris: Magic Cinéma 1999.

FILME

Von Eric Rohmer

LE SIGNE DU LION (IM ZEICHEN DES LÖWEN, F 1959, 100 Min.)

Six Contes Moraux IV: LA COLLECTIONNEUSE (DIE SAMMLERIN, F 1966, 90 Min.)

Six Contes Moraux III: MA NUIT CHEZ MAUD (MEINE NACHT BEI MAUD, F 1969, 110 Min.)

Six Contes Moraux V: LE GENOU DE CLAIRE (CLAIRES KNIE, F 1970, 105 Min.)

LA MARQUISE D'O (DIE MARQUISE VON O, D / F 1976, 107 Min.)

PERCEVAL LE GALLOIS (F 1977, 138 Min.)

Comédies et Proverbes: LA FEMME DE L'AVIATEUR (DIE FRAU DES FLIEGERS, 1980, 105 Min.)

Comédies et Proverbes: LE BEAU MARIAGE (1982, 97 Min.)

Comédies et Proverbes: PAULINE A LA PLAGE (PAULINE AM STRAND, 1983, 94 Min.)

Comédies et Proverbes: LES NUITS DE LA PLEINE LUNE (VOLLMONDNÄCHTE, 1984, 102 Min.)

Comédies et Proverbes: LE RAYON VERT (DAS GRÜNE LEUCHTEN, 1986, 98 Min.)

Comédies et Proverbes: QUATRE AVENTURES DE REINETTE ET MIRABELLE (VIER ABENTEUER VON REINETTE UND MIRABELLE, F 1987, 97 Min.)

Comédies et Proverbes: L'AMI DE MON AMIE (DER FREUND MEINER FREUNDIN, 1987, 97 Min.)

Contes des quatre saisons: CONTE DE PRINTEMPS (FRÜHLINGSERZÄHLUNG, 1990, 112 Min.)

Contes des quatre saisons: CONTE D'HIVER (WINTERMÄRCHEN, 1992, 114 Min.)

Contes des quatre saisons: CONTE D'AUTOMNE (HERBSTGESCHICHTE, 1998, 105 Min.)

L'ANGLAISE ET LE DUC (DIE LADY UND DER HERZOG, F 2001, 129 Min.)

TRIPLE AGENT (F 2004, 115 Min.)

Weitere Filme:

DOGVILLE (DAN 2003, Lars von Trier, 178 Min.)

HISTOIRE DE MARIE ET JULIEN (DIE GESCHICHTE VON MARIE UND JULIEN, F 2003, Jacques Rivette, 145 Min.)

LA BANDE A QUATRE (DIE VIERERBANDE, F 1988, Jacques Rivette, 155 Min.)

LA BELLE NOISEUSE (DIE SCHÖNE QUERULANTIN, F 1991, Jacques Rivette, 124 Min.)

LA FEMME QUI PLEURE (DIE FRAU, DIE WEINT, F 1979, Jacques Doillon, 90 Min.)

MANDERLAY (DAN 2005, Lars von Trier, 139 Min.)

STROMBOLI (I 1949, Roberto Rossellini, 107 Min.)

VIAGGIO IN ITALIA (REISE IN ITALIEN, I 1953, Roberto Rossellini, 85 Min.)

Fernsehen:

CINEMA DE NOTRE TEMPS: ERIC ROHMER, PREUVES A L'APPUI (F 1993, André S. Labarthe, mit Jean Douchet und Eric Rohmer, Produktion: La Sept Arte, Les Films du Losange)

Abonnement

Hiermit abonniere ich die Reihe **Film- und Medienwissenschaft (ISSN 1866-3397),** herausgegeben von Irmbert Schenk und Hans Jürgen Wulff,

❒ ab Band # 1

❒ ab Band # ___

❒ Außerdem bestelle ich folgende der bereits erschienenen Bände:
#___, ___, ___, ___, ___, ___, ___, ___, ___, ___, ___, ___

❒ ab der nächsten Neuerscheinung

❒ Außerdem bestelle ich folgende der bereits erschienenen Bände:
#___, ___, ___, ___, ___, ___, ___, ___, ___, ___, ___, ___

❒ 1 Ausgabe pro Band ODER ❒ ___ Ausgaben pro Band

Bitte senden Sie meine Bücher zur versandkostenfreien Lieferung innerhalb Deutschlands an folgende Anschrift:

Vorname, Name: ______________________________

Straße, Hausnr.: ______________________________

PLZ, Ort: ______________________________

Tel. (für Rückfragen): ______________ *Datum, Unterschrift:* ______________

Zahlungsart

❒ *ich möchte per Rechnung zahlen*

❒ *ich möchte per Lastschrift zahlen*

bei Zahlung per Lastschrift bitte ausfüllen:

Kontoinhaber: ______________________________

Kreditinstitut: ______________________________

Kontonummer: ______________ Bankleitzahl: ______________

Hiermit ermächtige ich jederzeit widerruflich den *ibidem*-Verlag, die fälligen Zahlungen für mein Abonnement der Reihe **Film- und Medienwissenschaft** von meinem oben genannten Konto per Lastschrift abzubuchen.

Datum, Unterschrift: ______________________________

Abonnementformular entweder **per Fax** senden an: **0511 / 262 2201** oder 0711 / 800 1889
oder als **Brief** an: *ibidem*-Verlag, Julius-Leber Weg 11, 30457 Hannover oder
als **e-mail** an: **ibidem@ibidem-verlag.de**

***ibidem*-Verlag**

Melchiorstr. 15

D-70439 Stuttgart

info@ibidem-verlag.de

www.ibidem-verlag.de
www.ibidem.eu
www.edition-noema.de
www.autorenbetreuung.de

Zeitfracht Medien GmbH
Ferdinand-Jühlke-Straße 7
99095 Erfurt, Deutschland
produktsicherheit@kolibri360.de